フランス料理の基本の加熱技法

キュイッソン

上柿元　勝

LES TECHNIQUES DU MODE DE CUISSON
DE LA CUISINE FRANÇAISE
Masaru Kamikakimoto

はじめに

料理は時代によって変化するものです。すばらしい技法にもさらにその先があります。最新の調理機器が登場し、私たちが若い頃には知りえなかった科学的情報がもたらされ、絶え間なく新しい考え方や方法論が生まれています。それら進化に対する探究心は料理人にとって必要不可欠ですが、その前に、足場となる「基本」が必要です。基本なくして進化なし、です。料理とはとどのつまり「焼く、煮る、蒸す」。この肉をおいしく焼くためには何が必要か――それが、時代に左右されない基本です。

フランスでは1960年代から70年代にかけて（素材の流通事情や人々の生活スタイルがそれ以前とは劇的に変わった時代です）、「素材を生かす」という強い料理哲学が生まれました。それが、いわゆるヌーヴェル・キュイジーヌ。現在のフランス料理の礎であると思います。この本は、フランス料理のキュイッソンつまり「焼く、煮る、蒸す」について、私自身がヌーヴェル・キュイジーヌの偉大なシェフたちに学び、そして長い経験を通して培ってきた「基本」をテーマとしています。火を扱い、特別なおいしさを創りだすためには何を意識し、何を見通していなければならないか、そのポイントをまとめました。

私は料理人なので、科学的な根拠や数値についてはその道の専門家におまかせしたいと思います。今は便利な芯温計があり、私も肉の焼き上がりの判断を助けてもらっていますが、それでも、料理人の五感はそれ以上に大切であると信じています。肉を見て、香りをかいで、焼ける音を聞いて、指で触れ、味見しておいしさを判断できること、それが料理人であると。若い皆さんにはぜひ情熱をもって基本を学び、五感を育て、そして新しい知識を貪欲に取り入れていただきたいと思います。

料理人

上柿元　勝

Parce que Masaru Kamikakimoto a de la cuisine le sens et le goût. Trois années passées à thoinnay l'en ont fait proche de moi. Il a du beau travail l'amour et l'explication. Il est un enfant chapel. Neuf années de responsabilités à Kobe lui ont donné les pleine et féconde expérience Il est entré dans le monde plus fermé de l'écriture. Je lui souhaite tous les succès dans sa carrière professionnelle, réunie dans sa vie d'homme et total bien être dans sa vie familiale.

Très confraternellement je suis avec lui, il a mon amitié.

février 1990, à thoinnay   Alain Chapel

上柿元勝には、料理のセンスと意欲がある。ゆえに、ミヨネーで過ごした3年が彼を私に近い存在に創り上げた。仕事への愛情と実践という、素晴らしい仕事ぶり。未来のシャペルである。そして、神戸での9年間。責任のある仕事は豊で実り多い経験をもたらし、より確かな表現の世界へと踏み込んだ。仕事人として、ひとりの男として、そして家庭人としての成功を願うばかりだ。

よき同僚として、私はつねに彼とともにある。友情とともに。

1990年2月　ミヨネーにて

アラン・シャペル

＊著者による初の本『フランス料理のスピリッツ』（1992年）刊行にむけて、師であるアラン・シャペル氏から贈られた序文。

共通の情熱

カミカキモトは、フランス料理とは何かを伝えることのできる偉大な大使である。'70年代終わりにアラン・シャペルのもとで私が初めて彼に出会った時、すでにそんな予感がしていた。彼の人並みならぬ集中力、新たな知識を貪欲に求める追究心は、ただならぬものがあった。しかも当時、日本とフランスを隔てる長距離と言葉の壁を物ともしない若い料理人はそれほど多くはなかった。しかし、彼は違った。ためらいもせず、大阪で調理の勉強をした後、学んだ知識を極めようとフランスに乗り込んできたのである。我々の友情は、共通の情熱から生まれ、こうして長い年月が経った今も、この絆は終わることなく続いている。

神戸にオープンしたアラン・シャペルのレストランを皮切りに、カミカキモトは日本に戻ってからもすばらしいキャリアを積んだ。彼の膨大なノウハウと繊細な感受性が発揮されると、たちまちフランス料理の巨匠として日本を代表するシェフとなった。彼の出版する数々の本も同様である。大きな反響を呼んだソースの本の後に、こうして今回はキュイッソンの本が出版される。日本にこれだけ才能豊かなシェフが存在してくれることは、フランス料理にとって大変な幸運と言えるだろう。

だが、カミカキモトはただのフランス料理大使ではない。彼はコンテンポラリーなフランス料理の発展に貢献する第一人者でもある。フランス料理の文化が日本で普及する中で、彼はフランス人であろうがなかろうが、料理人たちが自分たちの仕事についてじっくり考え、さらに前進していけるよう、いつも手を差し伸べている。そして料理を作るという仕事の中核にあるものを見つめさせる。それはまさに技術であり、フランス料理が伝えるメッセージの根幹にあるもので、キュイッソンについて語られたこの本にはフランス料理において最も重要なテーマが語られていると言えよう。さらにそのすばらしい人柄と物事にオープンな彼の姿勢は、周囲によい影響を与え、広がっていく。コンテンポラリーな料理人は、世界に目を向け、ありとあらゆる料理とさまざまな生活様式に対して、貪欲な好奇心を持っていなくてはならない。絶えず新しいことを学び、知識を深めることは、全ての料理人にとって、そして全ての料理にとって、豊かさをもたらす大切な要素だ。カミカキモトは、こうした進取の精神の代表者にほかならない。そして、知識を分かち合うことは、料理の未来なのだ。

2018年夏

アラン・デュカス

相通ずるもの

仕事の合間に時々手にとるアルバムがある。

私が総料理長を拝命した2002年3月25日、ハウステンボスホテルズ開業10周年記念のガラディナーでの上柿元勝総料理長とのコラボレーションの写真集である。我々料理人が仕事のなかでもっとも重要なキュイッソンに向かう、上柿元氏の姿がある。一切の妥協を許さず、全神経を集中するその真摯な姿に、感動と敬服の気持ちを覚えたものだ。同じ時代に生き、料理人を志す若者に基本の大切さを学んで欲しいと思う気概は、互いに相通ずるものと考える。

氏の長年の経験から生まれた『キュイッソン』の上梓を心から祝し、ますますのご活躍をひとえにお祈り申し上げます。

帝国ホテル総料理長

田中健一郎

キュイッソン発刊にむけて

上柿元氏と私との出会いは彼が23歳、私が22歳のとき、パリ、ヴァヴァンの安ホテル、螺旋階段の屋根裏部屋で私のいる向かいが彼の部屋だった。彼は色が黒くて眼光鋭く、第一印象はとても悪かった。親しくなって聞けば、鹿児島の薩摩隼人だと言っていて、パリのフランス料理店で就職が決まるまで絶対に日本に帰らないという強い意志を持っていた。私はと言えば大学在学中でフランス料理に興味があるということだけで、フランスで自由な生活をしていた。なぜ薩摩隼人と京都の愚学生が意気投合したのかはわからないが、何かの科学反応が起こったのであろう。それから45年。今も大親友である。この本の構想を聞いた時、自分とよく似たことを考える料理人がいたものだと驚いた。私も日本料理の伝統を伝えるために日本料理の技術をシリーズ化して本にまとめている。この『キュイッソン』はこれからの日本におけるフランス料理の礎になるだろう。派手なスタイルに走り、本質を忘れた技巧要素の強いフランス料理店が多いなか、彼の示そうとしている基礎の大切さは多くの若い料理人に多大なる影響と深みを与えると思う。この本に込められた彼の願いは、同じ時代を過ごしてきた私には手に取るようにわかる。「後進の育成と日本における正統フランス料理の発展」の為である。彼の考え方が網羅されているこの本に対して、心から敬意を表したい。

菊乃井主人

村田吉弘

目次 Sommaire

003 はじめに

006 刊行によせて

I オーブンで焼く RÔTIR AU FOUR

014 **基本のロティール** Rôtir au four

018 若鶏のロティ Poulet rôti

020 鹿児島県産黒豚のロティ、ディアブルソース Rôti de porc de Kagoshima, sauce Diable

022 仔牛腎臓のロティ、マデーラ風味ソース Rognon de veau rôti entir, sauce au Madère

024 ウサギのロニョナード、シイタケのソテー添え Rognonnade de lapin, shiitake sauté aux fines herbes

026 スズキのオーブン焼き、夏野菜のナージュ仕立て Filet de bar cuit au four, légumes d'été "minestrone"aux fines herbes

028 **ミルポワとともにロティールする** "Poêler" à l'ancienne

030 仔牛しんたまの"ポワレ"、小玉ネギ添え Noix de veau "poêlée" avec petits oignons

034 キジ胸肉のポワレ、姫ダイコンのコンフィ添え Blanc de faisan avec navets confits

036 ウズラのロティ、リンゴとマスカット添え Cailles rôties aux pommes et aux raisins muscats

038 ブレス産鳩のクレピネット、トリュフ風味 Pigeon de Bresse en crépinette truffée

II 蓋をして加熱する CUIRE À L'ÉTOUFÉE

042 **ブレゼ、エテュヴェ** Braiser, Étuver

044 鳩とキャベツのエテュヴェ Pigeon étuvé au chou en cocotte

047 アンコウとアンディーヴのブレゼ、マスタードソース Lotte de mer braisée à la moutarde

050 ペルドローチンゲン菜のブレゼ Perdreau braisé aux choux chinois

052 ウサギのブレゼ、シャンパーニュ風味 Lapin braisé au champagne

054 リ・ド・ヴォーのブレゼ、フヌイユ風味 Ris de veau braisé au fenouil

056 野菜のエテュヴェ、トリュフの香り Légumes à l'étuvée aux truffes

058 野菜のエトゥフェ Légumes à l'étoufée

060 キュイッソンのキーワード2 リソレ rissoler

Ⅲ　フライパンで焼く　CUIRE À LA POÊLE

062　ソテー　Sauter

064　キノコのソテー　Champignons sautés

065　ホウレン草のソテー、ニンニク風味　Épinards sautés à l'ail

067　カエルのソテー、プロヴァンス風　Cuisses de grenouille à la Provençale

068　アワビのソテー、プロヴァンス風　Oreille de mer sautée à la Provençale

070　ポワレ　Poêler

072　ノルウェー産サーモンのポワレ、セロリのピュレ入りブールブランソース　Saumon poêlé, sauce beurre blanc au céleri-rave

074　キスのポワレ、ニンニク風味　Filets de KISU poêlés au gousses d'ail

075　牛背ロースのポワレ、香草風味、マスタードソース　Entrecôte de bœuf poêlée aux fines herbes, sauce à la moutarde

076　ウサギ背肉のポワレ、血入りソース　Râble de lièvre poêlé, sauce au sang

078　仔牛レバーのエスカロップ、バルサミックソース　Escalope de foie de veau poêlée, sauce au balsamique

080　仔羊の骨付き背肉のポワレ、ゴボウのチップス添え　Côtelettes d'agneau poêlées, salsifis frits.

084　アロゼ焼き　Poêler en arossant d'huile et du beurre

086　車エビのアロゼ焼き　Crevettes poêlées

087　ヒラメの"ロティ風"、ヴェルモット風味　Filet de turbot "rôti" au vermouth

088　蝦夷鹿のコートレット、ポワヴラードソース　Côtelettes de chevreuil d'Ezo poêlées, sauce poivrade

090　グリルパンで焼く　Griller à la poêle

092　ホタテ貝のグリエ　Coquilles Saint-Jacuqes grillées

094　キュイッソンのキーワード3　ルポゼ　faire reposer

目次 Sommaire

IV ゆでる、蒸す、揚げる、スモークする
POCHER, CUIRE À LA VAPEUR, FRIRE, FUMER

096 **ゆでる**　Cuire dans l'eau ou dans le bouillon

098 ヒラメのポシェ・ナテュール　Filet de barbue pôché natur

100 マダイの赤ワインポシェ、ポワローのクリーム煮添え　Filet de daurade pôché au vin rouge, poireaux à la crème

101 マダイのポワレ‐ポシェ　Filet de daurade poêlé-pôché

102 ラングスティーヌのナージュ、サフラン風味　Langoustines à la nage, sauce beurre blanc safranée

104 ヒラメのクネル、ノワイーソース　Quenelles de poisson, sauce au Noilly

106 サヤインゲンのサラダ　Salade d'haricots verts

蒸す（キュイール・ア・ラ・ヴァプール）　Cuire à la vapeur

110 イセエビの海藻蒸し　Langouste d'ISE à la vapeur sur algues

111 カナダ産オマールのロワイヤル　Royale de hommard du Canada aux truffes noires

揚げる（フリール）　Frire

114 キビナゴとセロリとパセリのフリット　Friture de KIBINAGO, feuilles de céleri et de persil

115 ラングスティーヌのポワロー巻き揚げ、実山椒添え　Langoustines en poireaux frites, grains de SANSHO

116 カワハギのポワロー揚げ、白ゴマ風味　Friture de KAWAHAGI en robe de poireaux aux sésames

118 マトウダイのグジョネット　Goujonettes de filets de Saint-Pierre aux champignons

スモークする（フュメ）　Fumer

122 カンパチの自家製スモーク　Filet de KAMPACHI fumé à la maison

124 ピジョン・ラミエの軽いフュメ　Pigeon ramier légerment fumé, petit ragoût de navets de Sakurajima

126 キュイッソンのキーワード4　デグラッセ　déglacer

V 煮込む "RAGOUT", "FRICASSEE"

128 ラグー "Ragoût"

129 フリカッセ "Fricassée"

130 仔牛ほほ肉のブレゼ Joue de veau braisé

132 若鶏のフリカッセ、野菜入り Fricassée de poulet aux petits légumes

134 オマールのフリカッセ、セルフイユ風味 Fricassée de homard au cérfeuil

136 仔牛のブランケット、ゴボウ添え Blanquette de veau aux salsifis

138 キュイッソンのキーワード5 バターモンテ monter au beurre

キュイッソンのキーワード6 ノワゼットバター beurre au noisette

VI その他の調理法
AUTRES TYPES DE CUISSON

140 ムニエル "à la meunière"

141 グラティネ、グラッセ Gratiner, Faire glacer

142 イトヨリのムニエル ITOYORI des îles de Goto à la meunière

144 舌ビラメのグラタン仕立て、エストラゴン風味 Rouleaux de filets de sole gratinées à l'estragon

146 足赤エビとマカロニのグラタン Gratin de crevettes et macaroni aux champignons

147 小玉ネギのグラッセ Petits oignons glacés

148 パイ包み焼き "Feuilleté"

150 牛肉とモリーユ茸のパイ包み焼き Filet de bœuf aux morilles en croûte

152 ショーソン・ドラード Chausson de daurade aux épinards et tomate à la Provençale

154 基本のだし、ソース類

163 著者プロフィール

164 奥付

◎本書レシピ中に記す材料の分量、加熱時間は目安として参考にして
ください。使う素材によって、また一度につくる量、調理機器や厨房環
境によって条件は変わってきます。実際の状態をみながら、好みの味に
応じて調整してください。
◎とくに断りがない場合、以下の材料は次のことを指しています。
「バター」：無塩バター
「生クリーム」：乳脂肪 47%のもの
「塩、コショウ」：微粒の海塩（天日）、挽きたての白コショウ。
「ミニョネット」：粒コショウを軽くつぶして砕いたもの。
「E.V. オリーブ油」：エクストラ・ヴァージン・オリーブ油のこと。
◎料理に使用するフォンやジュのレシピは、巻末 p.154 からの「基本
のだし、ソース類」にまとめています。ある種のベーシックなソース、
混合バター、生地のレシピも同様です。

I

オーブンで焼く

RÔTIR AU FOUR

基本のロティール

Rôtir au four

ふたつのロティール：「串刺し肉のあぶり焼き」と「オーブン焼き」

ロティール rôtir とは「あぶり焼く」という意味。串に刺した肉の塊を、薪火などの熱源に直接かざしてあぶる、というのが元来の形だったが、オーブンという調理機器が登場してからは、密閉オーブンでのロティール（ロティール・オ・フー rôtir au four）が広く定着している*。どちらも目指すところは、「表面はこんがりと香ばしく、内部はしっとりとジューシー」な焼き上がり。そこに至るアプローチに違いがある。

*対して、元来の串刺し肉のあぶり焼きはロティール・ア・ラ・ブロッシュ rôtir à la broche と言う。現代では電気式のロティスリー（あぶり焼き機）が活用されている。

「オーブンから取り出した後、休ませる」までがキュイッソン

火床に肉の塊を直接かざして焼く場合、肉全面に同時に均等の熱はあたらない――おもに熱源に向いた面にあたり、反対面は「加熱を休んでいる」状態。ゆえに、交互に面を変えながら時間をかけて均等に芯まで熱を伝えていくことがポイントとなる。

他方、密閉型オーブンで焼くロティール・オ・フーでは、（基本的には）肉全面に高温の熱があたる。効率がよいので加熱時間は短くてすむが、ただし、肉の塊が大きいほどその後に「休ませる（ルポゼ）」プロセスが必要となる。高温で一気に焼いた肉は、内部で水分（肉汁）が"沸いたような"状態にあり、この熱い肉汁をいったん落ち着かせなければならないからだ。休ませることで、肉汁がその「熱」とともに肉内部全体にしみわたり、しっとりとジューシーな仕上がりになる。その時点で、狙いの焼き加減（レア、ミディアムなどの）となることが理想だ。

ロティールの原点回帰：「休ませながら焼く」という考え方

オーブン焼きは本来「高温で一気に焼き上げる」のが得意な技法だが、「オーブンに入れる→取り出して休ませる」を交互に繰り返しながらゆっくりと焼いていくことで、ロティール・ア・ラ・ブロッシュにより近い火入れを再現することもできる。もちろんその場合は、長時間つきっきりで肉の状態を確認しながら焼く必要がある。

オーブンを使う意味――鍋に残った焼き汁をソースにする。

オーブンに入れるために肉をのせた鍋には、肉から脂肪と水分が落ち、それが煮詰まるとスュック（suc　エキスのこと）がこびりつく。このスュックに少量の液体を加えて煮溶かしたもののが、フランス料理の「ソース」の原点だ。なお、肉と一緒にミルポワも焼けばソースはさらに風味豊かになり、スュックを少量のアルコールで

溶かせばコクが出る。まずは、いかにおいしいスュックを鍋に付着させるかが、ソースのカギとなる。あらゆるソースづくりに通じるフランス料理の基本だ。

キュイッソンの出発点――オーブンの"くせ"を把握する。

レストラン厨房のオーブンといえば、かつてはレンジ下に備えたガス式オーブンだったが、現代はコンベクションオーブンの使用（併用）が主流。どちらの場合でも、まず自分が使う1台のくせ――温度上昇のしかた、庫内の位置による火のあたりの違い、複数台あるならフル稼働のときとそうでないときの温度など――を知る必要がある。同じ型番の製品でも、据えられた環境によって使い勝手は微妙に異なる。それを把握し、「自分の狙う温度にオーブンを合わせられる」ようになることがキュイッソンの出発点だ。

◎クラシックオーブンの利点
庫内が大きい（大きな鍋が入る）。熱がパワフルで、それが上下左右から食材にあたる。
◎コンベクションオーブン
庫内にファンが回り、隅々まで熱が行き届く。効率がよいので焼成時間の短縮になる。

基本のロティール
Rôtir au four

ロティールの基本プロセス

❶ **肉を室温に戻す。**

表面だけでなく芯まで（冷蔵庫から出してすぐに焼くと、肉の芯温を上げるまでに余分に時間がかかり、水分が失われてパサついた仕上がりになる）

❷ **素材の形、性質、料理目的に応じた準備をする。**

　Ⓐ　形を整える──ブリデする（糸で縫いとめる）、糸を巻く
　Ⓑ　脂肪を補う（加熱中に乾かないようにしたい、脂の付き具合を均一にしたい）──豚の脂身を巻くなど
　Ⓒ　味や香りを足す──細切りした脂やベーコンを肉に刺すなど

❸ **オーブンを予熱する。**

❹ **肉を入れる適切なサイズの鍋を選ぶ。**

・鍋が小さすぎる＝鍋の縁に素材が接するほど窮屈　→熱気が循環せず、肉に充分な焼き色がつかない。
・鍋が大きすぎる＝むきだしになった鍋底スペースが広い　→肉が乾きやすい。焼き汁が焦げやすい。

❺ **色よい焼き上がりのための準備をする。**

　Ⓐ　肉の表面にあらかじめ焼き色をつける（リソレ→ p. 60）。
　Ⓑ　素材の表面にオイルやバターなどをぬる。

❻ オーブンに入れてロティールする。途中ときどきオーブンをあけ、焼き汁（焼き油）をレードルまたはスプーンですくって肉にかける（アロゼ→ p. 40）。

❼ 焼き上がりを判断して、オーブンから取り出す。

    Ⓐ　肉を指で触り、弾力で判断する。

    ・押し返すような張りを感じる＝芯まで熱が届いている

    ・ムニュッと指が食い込む＝火入れがまだ若い

    ・カチッと固い感じ＝すでに火の入りすぎ

    Ⓑ　金串を肉に刺して判断する。

    ・金串を抜いて唇の下にあて、「温度」を確認する。

    ・刺し穴から出る肉汁も判断基準になる（肉汁が透明＝火が通っている／血が混じる＝火入れが不足）。

    Ⓒ　芯温計で測る。

❽ 肉を休ませておく。その間にソースを用意する。

  ┌・肉 ⇨ 網にのせ、冷めないようアルミ箔などをかぶせて温かい場所に置く（ルポゼ→ p. 94）。
  └・鍋 ⇨ 汚れた油を取り除く。

      ➡ 鍋に水分を加え、鍋肌についたスュック（肉のエキス）を煮溶かす。

      ➡ ソースとして仕上げる。

❾ 提供直前に、必要なら肉をオーブンで温め直す。ソースを添えて提供する。

休ませの必要時間は、ロティールの全体像で判断

ルポゼの必要時間は、肉の焼成温度（と時間）に関係する。焼成温度は肉のボリュームと性質（赤身か白身か、脂肪や水分の多少）に関係する。さらに、そのときどきの厨房事情（オーブンを早く回したいなど）も、温度判断の前提になる。よく「5分間焼いた肉は5分間休ませ、20分間焼いた肉は20分間休ませる」と言われるが、あくまで目安。調理の全体像を見通してバランスをとりながら調整する。

若鶏のロティ

Poulet rôti

ロティール・オ・フーの基本形

少量の油脂を皮にぬるだけで、リソレはせずにオーブンの熱によって皮は色よく香ばしく、肉はジューシーに仕上げる。ロティールする間に鶏から出た脂が鍋に落ちる。これを何度かすくって鶏にかけ、つやよく、香りよく仕上げていく。

[材料]
若鶏　1羽（約1.8kg）
ナタネ油　適量
ニンニク（皮付き）　3かけ
バター　少量
白ワイン　120ml
フォン・ド・ヴォライユ（または水）　120ml
塩、コショウ　各適量

❶　鶏の足先と首つるを切り落とす。両足をコフル（胸郭）に寄せ、ブリデする A 。表面に塩をまぶし、ナタネ油をぬる B 。
>>> ブリデ＝両ももを密着させて胸を盛り上げ、タコ糸で縫い止めること。姿よく焼き上げるため。肉の薄い部分に両ももを密着させることで火通りを均一にする意味もある。

❷　フライパンにナタネ油を引き、鶏の首つるとニンニクを強火でさっと炒める。鶏を置き、バターをのせて200℃のオーブンに入れる C 。
>>> 首つるを炒めるのは鍋全体に香りをつけるため。焼き汁＝ソースの香りのベースになる。

❸　トータルの焼き時間の目安は35～40分間。その間に3～4度オーブンを開け、鍋にたまった油脂をスプーンですくって鶏にかける（＝アロゼ） D 。
>>> 身の厚いももの部分に重点的にかける。アロゼする前に、油脂が焦げて汚れていないかを確認し、汚れていたら随時ふきとること。

❹　ももに金串を刺して焼き上がりを確認し、オーブンから取り出す E 。
>>> もっとも身厚な部分に金串を刺して抜く、透明な肉汁が出ていたら火が通っている。

❺　網を敷いたバットに移し、アルミ箔をかぶせて温かいところで10分間以上休ませる F 。

[焼き汁をソースに]

❻　ロティールに使ったフライパンを強火にかけて油分をとばす。白ワインを加えてアルコール分をとばし、フォン・ド・ヴォライユ（または水）を加える。アクを除きながら煮詰める。

❼　シノワで漉し、ソース鍋に移して火にかける。休ませている鶏から出た肉汁も鍋に加え、塩で味をととのえる。

クラシックオーブンを使う場合
庫内に熱ムラがあるので位置を変えながら焼く。最初に片ももを下にして約10分間、上下逆にしてさら約10分間、その後、胸を上にして焼き上げる。

より風味豊かなジュ（ソース）にするなら
鶏の下にミルポワを敷いて一緒にロティールする（鶏が焼きあがった時点でミルポワにもちょうど火が入っているサイズに切る）。

その他の鳥をロティールする際の留意点
◎バルバリー鴨など、大きく脂肪の多い鳥：焼いている間に脂がどんどん出てくる。汚れた油は随時ふき取り、肉が油に浸からないようにする。
◎鳥の個体が小さくなるほど、ロティール時間は短くなる。胸肉がジューシーな状態で焼きあがった時点で、皮が充分に色づいていないということも起こりうる。オーブンに入れる前に軽くリソレして、あらかじめ色づけておくとよい。

鹿児島県産黒豚のロティ、ディアブルソース

Rôti de porc de Kagoshima, sauce Diable

豚肉は火入れを急がず、じっくりと

豚肉は融点が低く、加熱によって水分がぬけパサパサになりやすい。いっぽう、肉に食い込むスジにはしっかりと火を入れる必要があり、キュイッソンのむずかしい素材だ。時間をかけてゆっくりと焼くことがポイントで、オーブン加熱とルポゼを交互に繰り返して、じっくりと旨みを引き出し、ジューシーに仕上げる。

[材料　4人分]
黒豚肩ロース肉　500g
ニンニク（皮付き）　3かけ
ナタネ油　適量
塩、コショウ　各適量
＊豚肉は、銘柄によって脂肪の付き具合や水分量がかなり異なる。何度かテストをしてその特徴を把握する必要がある。鹿児島産黒豚は水分が少なく、脂肪の旨みと香りが強い。

ディアブルソース
エシャロット（みじん切り）　150g
白ワイン　360ml
ドゥミグラスソース　240ml
カイエンヌペッパー　適量
塩、コショウ　各適量

①　鍋にエシャロットと白ワインを入れ、弱～中火で煮詰める。
②　白ワインが3分の1量になったらドゥミグラスソースを加え、さらに軽く煮詰める。
③　カイエンヌペッパー、塩、コショウを加えて味をととのえる。シノワで漉す。

❶　黒豚の肩ロースにタコ糸を巻く。塩をふり、全体によくすりこむ A 。

❷　フライパンにナタネ油とニンニクを入れて火にかけ、脂身を下にして①を置く。置いた面が色づいたら、少しずつ転がして全面をきれいに色づける B 。両側の断面も焼く C 。

❸　表面全体がきれいに色づいたらいったん火を止め、汚れた油をふき取る D 。

❹　200℃のオーブンに入れる。

❺　10分間焼いたら取り出し、アルミ箔で包んで6分間休ませる E 。再びオーブンに入れ F 、10分間焼いて6分間休ませ…と、計3回繰り返す。

>>> 豚肉は一気に焼こうとせず、途中で何度か休ませながら時間をかけて焼く。とくに骨付きで焼く場合は、骨と肉の間にあるスジをしっかりと焼ききるよう（旨みが出る）、より時間をかけてていねいに焼く。

❻　オーブンを開け、肉の芯温が60～63℃になっていることを確認して取り出す。提供時まで保温しておく。

❼　提供の合図が入ったら⑥をオーブンに約4分間入れて温める。切り分けて皿に盛り、コショウをふる。別に用意したディアブルソースを添える。

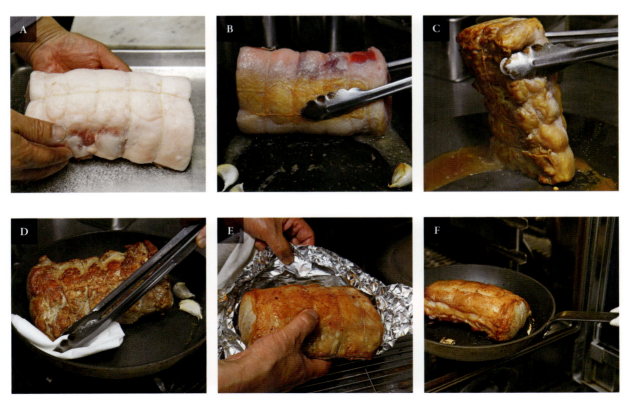

仔牛腎臓のロティ、マデーラ風味ソース

Rognon de veau rôti entier, sauce au Madère

加熱の力で、独特のにおいを「香ばしさ」に

内臓のなかでも腎臓はとくに、火入れのむずかしい素材。特有のアンモニア香があり、これをとばそうとして加熱しすぎると、モソモソとかたいだけの塊になってしまう。においの元であるアンモニア腺と脂肪をいかに処理するかが最初のポイント。さらにこのにおいを完全に消すのではなく、加熱によって「香ばしさ」「おいしさ」へと昇華させることが目標だ。

[材料 4人分]
仔牛の腎臓 2個
バター 100g
エシャロット 8個
ニンニク（皮付き） 3かけ
マデーラ酒 100ml
グラス・ド・ヴィヤンド 大さじ1
バター（モンテ用） 20g
塩、コショウ 各適量

野菜のエテュヴェ
ポワローとニンジン、ダイコンをタリアテッレ状に薄く切り、バターとともに鍋にとる。塩、コショウして汗をかかせるように弱火でゆっくりとソテーし、フォン・ド・レギュームをひたひたに加え、蓋をして蒸し煮にする。

ニンニクのコンフィ
皮付きのニンニクを、75〜80℃を保った澄ましバターの中でゆっくりと加熱する。

❶ 仔牛の腎臓を掃除する。アンモニアの腺をたどって正確に切り取り、見えるスジも切りはずす。

>>> アンモニア腺を取り残したり、作業中につぶしたりすると、不快なにおいが最後まで残るので注意する。

❷ 腎臓を覆う脂肪の、とくに分厚い部分を削ぎ取って厚さを均一にする。脂肪のない部分には、切りはずした脂肪をかぶせてタコ糸で巻いて止める。

>>> 脂肪は、腎臓をダイレクトな高温から守るカバーでもある。個体が大きければ脂肪は多少厚めに、小さければ薄めに残すこと。もともと脂のついていないところには切り取った脂肪をかぶせ、全体が同じ厚さの脂肪で覆われているようにする。

❸ 厚手の鍋に適量のバターを入れ、②に塩をふって置き、200℃のオーブンに入れる。トータル約30分間の加熱を目安に焼き始める。焼き始めから10分後にエシャロットと叩いたニンニクを加える。

>>> クラシックオーブンを使う場合は、均等に色づくよう途中で何度か腎臓の向きを変える。

❹ 焼いている間、4〜5回オーブンを開けて汚れた油脂を取り除き、随時バターを追加する。きれいな油脂を腎臓にアロゼする。

>>> 焼いている間にかなりの脂肪が溶け出してくる。とくに最初に溶け出す脂は臭みにつながるので、ていねいに取り除く。

❺ 焼き上がりを確認して、オーブンから腎臓とニンニクを取り出す。

>>> 竹串を刺して透明な液が出れば、「火は通っていてジューシー」な状態。そこに血が混じっていたらセニャン（ミディアムレア）。火入れ加減は好みだが、私のスタンダードモデルは「かすかに血が混じるタイミングで取り出し、休ませたのちア・ポワン（ミディアム）の状態で提供」。

❻ 冷めないようアルミ箔をかぶせて温かい場所で休ませる。

[焼き汁をソースに]

❼ 鍋に残った余分な油をふき取る。火にかけ、マデーラ酒でデグラッセする。アルコール分がとんだらグラス・ド・ヴィヤンドを加えて軽く煮詰め、シノワで漉す。

>>> 漉す際に、スプーンでエシャロットをしっかりと押して汁を絞り出す。

❽ ソース鍋に移して火にかけ、バターでモンテして、塩、コショウで味をととのえる。

[盛り付け]

❾ 腎臓をオーブンで温め直し、切り分けて皿に盛る。ガルニテュール（野菜のエテュヴェとニンニクのコンフィ）を添え、ソースを流す。

ウサギのロニョナード、シイタケのソテー添え

Rognonnade de lapin rôtie, shiitake sauté aux fines herbes

詰めものをした肉をロティールする

「ロニョナード」は、腎臓と背肉を同時に味わう料理。薄く切り開いた肉（仔牛や仔羊の背肉、ウサギなどが一般的）でその腎臓を巻き込んでロティールする。性質の異なる腎臓と外側の肉を同時に、それぞれベストな状態に仕上げるためにまず、下処理で肉の厚みを均一にする。

[材料　4人分]
ウサギの背肉　2羽分
ウサギの腎臓　8個
バター（リソレ用）　30g
バター（ロティール用）　40g
ニンニク（皮付き）　6かけ
白ワイン　100ml
ジュ・ド・ラパン　80ml
グラス・ド・ヴィヤンド　大さじ1/3
バター（モンテ用）　20g
塩、コショウ

[シイタケのソテー]
シイタケを軸ごと薄切りし、バターでソテーする。塩、コショウして、ちぎったセルフイユとシブレットをふる。

[ホウレン草のガルニテュール]
ホウレン草をブランシールする。フォン・ド・ヴォライユ（またはフォン・ド・レギューム）の中で温め、塩、コショウで味をととのえる。

❶　ウサギ1羽をさばき、腕と腿をはずす。背肉をあばら骨、背骨から切りはがして、1枚にとる。

>>> 背骨の裏は肉が薄いので、破れないように注意する。

❷　背肉（背骨両脇の身の厚い部分）の中央に縦に切り込みを入れ、身の薄い中心部に向けて肉を開き、厚さの均一なシート状にする。

❸　中央に腎臓を一列に並べ、塩、コショウをふる。腎臓を芯にして端から巻き込み、筒状に形を整える。タコ糸で数カ所を縛る。表面にも塩をふる。

❹　厚手のフライパンを火にかけ、バターと叩いたニンニクを入れる。バターが泡立ったら③を入れ、リソレする。表面全体をむらなく色づけて取り出す。

❺　厚手の鍋に、④の肉とニンニクを移す。肉にバターをのせて200℃のオーブンに入れ、途中アロゼしながら8〜10分間を目安にロティールする。

❻　肉を取り出してアルミ箔をかぶせ、温かい場所に置いておく。
[焼き汁をソースに]

❼　鍋に残った油をふき取り、火にかけて白ワインでデグラッセする。アルコール分をとばしてからジュ・ド・ラパンを加え、煮詰める。さらにグラス・ド・ヴィヤンドを加えて軽く煮詰める。

❽　シノワで漉してソース鍋に移す。塩、コショウで味をととのえ、バターでモンテする。
[盛り付け]

❽　⑥をオーブンで温め直し、糸をはずして約1.5cm幅に切る。コショウをふりかける。皿に盛り、シイタケのソテーとホウレン草を添えてソースを流す。

スズキのオーブン焼き、夏野菜のナージュ仕立て

Filet de bar cuit au four, légumes d'été "minestrone" aux fines herbes

魚をロティールする

古典的な魚のオーブン焼きはたいていアンティエ（1尾丸ごと）だが、旨みの充実した分厚い魚であれば、切り身であっても、ロティールしたならではの香ばしさ、ふっくら感が表現できる。水分が抜けないよう高温で一気に焼き上げ、天然スズキのワイルドな風味をきわだて、夏らしいナージュに仕立てる。

[材料　4人分]
天然スズキ（2kg 大）　100gの切り身 4 枚
塩、コショウ、オリーブ油　各適量
ピスタチオのジェノヴェーゼペースト *
　　60g

[スープ]
玉ネギ（1.2㎝角）　40g
赤パプリカ（1.2㎝角）　40g
黄パプリカ（1.2㎝角）　40g
ズッキーニ（1.2㎝角）　40g
ナス（1.2㎝角）　40g
ベーコン（1.2㎝角）　40g
フュメ・ド・コキヤージュ　150ml
フォン・ド・レギューム　100ml
コリアンダーシード（押しつぶす）12 粒
乾燥赤トウガラシ（輪切り）　1 本
タイムの葉　4 枚
イタリアンパセリ　12 枝
オリーブ油　適量
塩、コショウ　各適量

[仕上げ]
バジルの葉　12 枝
コリアンダーの葉　4 枚
トマトのコンフィ　4 枚
アンチョビのテュイル　4 枚
バジルオイル *　少量

❶　スズキを三枚におろし、皮を引いて、1 枚100gのポーションに切り分ける。皮下の面に格子状に切り目を入れる。

❷　塩をふり、オリーブ油でさっと表面を焼き固め、冷ましておく。

❸　②の切り目を入れた面にピスタチオのジェノヴェーゼペーストをぬる。200℃のオーブンに約3分間入れる。

❹　ベーコン、玉ネギ、2種のパプリカ、ズッキーニ、ナスをオリーブ油でソテーする。フュメ・ド・コキヤージュ、フォン・ド・レギュームを加え、コリアンダー、乾燥赤トウガラシ、タイムを加えて軽く煮込む。仕上げにイタリアンパセリを加え、塩、コショウで味をととのえる。

❺　スープ皿によそい、③を静かに置く。トマトのコンフィをのせ、バジル、コリアンダーの葉を散らす。バジルオイルを周囲に散らし、アンチョビのテュイルを飾る。

ピスタチオのジェノヴェーゼ
ペースト 仕上がり約370g
ピスタチオ　100g
バジル　20g
アンチョビ　10g
オリーブ油　240ml
① 材料をミキサーにかける。

バジルオイル
65℃を保ったオリーブ油（350ml）にバジルの葉（30g）と黒コショウ（10粒）を12時間漬け、布漉ししたもの。

トマトのコンフィ
トマトの皮をむき、くし形に切って種を除く。シリコンパットに並べ、塩、コショウ、少量のキビ糖、タイム、ニンニクの薄切り、オリーブ油をふりかけて、70℃のオーブンで4時間焼く。

アンチョビのテュイル
[つくりやすい量]
アンチョビペースト　25g
バター（ポマード状）　25g
薄力粉　50g
卵白　10ml
レモン汁　10ml
水　25ml
キャトルエピス　少量
イタリアンパセリ　12枚
① イタリアンパセリ以外の材料を混ぜ合わせる。
② 鉄板にオーブンペーパーを敷き、（魚の形を抜いた）型を置いて①を流す。160℃のオーブンで4〜5分間焼き、仕上がり間際にイタリアンパセリをのせて、焼き上げる。

ミルポワとともにロティールする

"Poêler"

「ロティールの香ばしさ」と「バターと野菜の風味」を同時に求める

ここで取り上げるのは、肉の塊をミルポワを敷いたココット（蓋つきの鍋）に入れて、オーブン焼きする技法。鍋に蓋をする、つまり肉と野菜自身の水分で蒸らしながら加熱することで、しっとりと潤った状態を保ちながら、バターと野菜の風味を肉にまとわせていく（肉の塊が小さく、火入れが短時間の場合は蓋をしないこともある）。19世紀にエスコフィエが"ポワレ"と呼んだ技法で、ロティールの「香ばしさ」と同時に「バターとミルポワの風味」を求めるキュイッソンだ。脂の少ない肉（仔牛、ウサギやウズラなど）にはとくに向いている。ダイレクトなオーブン焼きではパサつきがちな肉でも、バターの風味をからめながらしっとりと仕上げることができる。

基本のプロセス

❶ 鍋を選ぶ（蓋付き、素材が隠れる高さ、ミルポワを隙間なく敷きつめられる大きさ）。

❷ 肉をリソレして、表面を色づける。

❸ 鍋にミルポワを敷いて肉を置く。肉にバターをのせ、蓋をしてオーブンへ。

　◎加熱の途中、ときどきアロゼする（焼き汁を肉にかける）。

　◎火入れの最終段階で蓋をはずし、肉を色づける。

❹ 肉を取り出し、休ませる。その間に、鍋に残ったミルポワでソースをつくる。

❺ 肉を温め直し、ソースを添えて提供する。

ロティール・アン・ココットのポイント

① 「蒸らしながらの加熱」と「焼き色をつける加熱」

鍋に蓋をする（＝肉やミルポワの水分で蒸らしながら加熱する）ことで、肉にミルポワの風味がしみこむ。ただし、蓋をした加熱では肉に焼き色はつかない。そこで、①事前にリソレして表面を軽く色づけ、②仕上がり間際に少し温度を上げ、蓋をはずして色づけ、香ばしさをうながす。

② バターの香りを含ませること

オーブンの設定温度は基本のロティール・オ・フーよりも心持ち低めにする。これはミルポワを焦がさないためでもあり、バターを焦がさないためでもある。バターの香りを含ませることがこのキュイッソンのポイントだ。

③ 肉の火入れと並行して、ミルポワの香りが引き出されていること

ミルポワは、肉の加熱時間内に火が充分に入るサイズに切り揃えておく。肉に火が入ったときに、野菜にもしっかりと火が入り、香りが充分に引き出されていることがこのキュイッソンの最大のポイントだ。肉に対して用意したミルポワが大きすぎる場合は、あらかじめ軽く炒めておくとよい。また、オーブンから出した時点のミルポワには肉汁がしみこんでいる。これがソースのベースとなる。

　このキュイッソンを、19世紀の料理人エスコフィエは「ポワレ」と呼び、「ロティールの特殊形」と位置付けていた。
　今は、ポワレという語は「フライパン焼き」の意味として認識されている。私も若い頃はそれしか知らなかった。エスコフィエが言う意味での「ポワレ」を知ったのは、1978年に、アラン・シャペルで働き始めてからだ。シャペル氏は日常からポワレ、ポワラージュ（ポワレすること、ポワレ技法）という言葉をよく使い、ミルポワの切り方、バターが泡立つ音にこまかく気を配り、料理人たちに徹底させ、明らかにこの技法を大事に守り育てていた。ヌーヴェル・キュイジーヌの偉大なシェフたちは、エスコフィエやそれ以前の古典を見直し、個々の技法の本質を探ることでフランス料理を再生していくが、シャペル氏にとっては「ポワレ」はまさにそのターゲットだったのではないかと今になって想像している。

仔牛しんたまの"ポワレ"、小玉ネギ添え

Noix de veau "poêlée" avec petits oignons

バターと香味野菜が、繊細な肉汁の味わいを生かす

仔牛のしんたまは脂肪が少なく、肉質がしなやか。オーブン焼きしながらバターと香味野菜の油脂、風味、水分を含ませて香りよくしっとりと仕上げる。小玉ネギのグラッセを添えて、甘みと旨みのアクセントにする。

[材料　4人分]

仔牛のしんたま肉　700g
ミルポワ
　玉ネギ（2cmの角切り）　60g
　ニンジン（2cmの角切り）　60g
　セロリ（2cmの角切り）　30g
ニンニク（皮付き）　2かけ
バター（リソレ、ロティール用）　約50g
ナタネ油　大さじ2

[ソースの仕上げ用]

白ワイン　80ml
フォン・ド・ヴォー　250ml
フォン・ド・ヴォライユ　120ml
ローリエ　1枚
タイムの軸　1本
バター（モンテ用）　20g
塩・コショウ　各適量

[ガルニテュール]

小玉ネギのグラッセ（→p.147）
クレソン
黒コショウ（ミニョネット）

1 ロティールに使う鍋を選ぶ。肉が余裕をもって収まり、縁に高さがあるもの。

＊縁の高さによって食材へのオーブンの熱気のあたりがやわらぐ。今回は蓋も使う。

2 仔牛しんたま肉をタコ糸で巻いて形を整える。表面全体に塩をふる。

＊下味の時点ではコショウは使わない（焼くと焦げるので）。塩をふったら手でおさえてなじませる。

3 フライパンにナタネ油とバター約30gを引いて熱し、2をリソレする。

バターの泡が小さくなってから肉を置いて焼き始める。

鍋底に接した面を焼きつけて、色づいたら順に面を変えていく。フライパンの縁のカーブも利用して全面を色づけ、両側の断面も焼く。

油が汚れたらふき取り、適宜オイルを補足する。きれいに色づけて取り出す。

4 鍋にミルポワを敷きつめ、ニンニクも入れる。3をのせる。肉にバター約20gをのせ、蓋をして180℃のオーブンに入れる。トータルの焼き時間は約40分間が目安。

＊肉全体に均等にバターがしみわたるよう、4〜5カ所に分けてのせる。

| 5 | 焼いている途中、3〜4回はオーブンを開けてアロゼする。

＊ミルポワと肉と野菜から水分が出ていることがわかる。これを
繰り返しかけることで肉が乾くのを防ぎ、旨みと香りを含ませる。

| 6 | 肉の状態を確認し、焼き上がりが近くなったら蓋をはずしてオーブンに戻す。

＊蓋をして蒸し焼きするとしっとりと火が入る反面、リソレの焼き色が薄くなる。最後に蓋をあけてオーブンの熱気に直接さらす。

| 7 | 肉を鍋から取り出し、網にのせてアルミ箔をかぶせ、約20分間温かいところで休ませる。

＊肉を休ませている間に、ソースを仕上げる。

[ソースを仕上げる]

肉を取り出した後の
鍋の状態。

＊野菜には完全に火が通っている状態。カラメル化した肉の旨み成分が鍋肌にこびりついている。これがスュック。これを焦がさないよう、木ベラでこそぎ落として焼き汁に溶かし込む。

8　①7の肉を休ませている間に出たジュを鍋に戻し入れ、火にかける。②白ワインでデグラッセし、鍋肌のスュックを木べらでこすって煮溶かす。③フォン・ド・ヴォー、フォン・ド・ヴォライユ、タイム、ローリエを加える。いったん沸騰させてアクを除き、弱火にして半分量になるまで煮詰める。

 ▶  ▶

＊「ルポゼ中に出た肉汁は、必ずソースに戻す」「鍋肌についたスュックをソースに戻す」——どちらもロティールの基本。

9　煮汁をシノワで漉して、ソース鍋に移す。バターでモンテし、塩、コショウで味をととのえる。

[仕上げ]

10　別途、小玉ネギのグラッセをつくる（p.147参照）。休ませておいた肉をグラッセの鍋にのせ、その煮汁を肉に刷毛（またはスプーン）でぬってオーブンで温める。

＊カラメリゼされた小玉ネギの煮汁をぬりつけて、肉をいっそう香ばしくつやよく仕上げる。

11　肉に塩、コショウをふり、切り分ける。小玉ネギを皿に盛り、肉を並べる。クレソンと黒コショウのミニョネットを添え、ソースを流す。

キジ胸肉の"ポワレ"、姫ダイコンのコンフィ添え

Blanc de faisan avec navets confits

脂肪の少ない肉をしっとりと仕上げる

キジは香りに個性のある鳥だが、味わい自体は淡白。脂肪が少ないので、高温の熱を一気に浴びせると水分が抜けてパサパサになりやすく、だからこそこの調理法が向いている。蓋付きのココット鍋が熱のあたりをやわらげ、バターとミルポワの風味が淡白な味をフォローしてくれる。バターの風味がよくなじむよう、短い加熱の間もときどき蓋をあけてアロゼする。

[材料　4人分]
キジ（約900g 大）　2羽
ミルポワ
┌ ニンジン（薄切り）　40g
│ 玉ネギ（薄切り）　40g
└ セロリ（薄切り）　20g
パセリの軸　1本
バター（リソレ、ロティール用）　約40g
マデーラ酒　150ml
フォン・ド・フザン（→ p.155）　120ml
バター（モンテ用）　20g
塩、コショウ　各適量

姫ダイコンのグラッセ

姫ダイコン　12本
グラニュー糖　少量
バター　30g
フォン・ド・ヴォライユ　180ml
塩、コショウ　各適量

① 姫ダイコンにグラニュー糖をまぶす。鍋にバターを溶かしてダイコンを並べ、ゆっくりと加熱してきれいに色づける。
② 余分な油をふき取り、フォン・ド・ヴォライユを2〜3回に分けて加え弱火で煮る（蓋をする）。塩、コショウで味をととのえる。

❶ キジをさばいて胸肉をはずす。

❷ ココット鍋を火にかけてバター20gを溶かし、泡立ったら①に塩をふって置く。表面を軽く色づける（リソレ）。

❸ きれいに色づいたらミルポワとパセリの軸を鍋に加え、肉の下に敷く。バター20gを追加して、蓋をして 200℃のオーブンに入れる。途中何度か蓋をあけてアロゼしながら、5〜8分間焼く。
>>> 鍋の底にたまった油脂が汚れていたら除く。必要なら新しいバターを加える。

❹ 胸肉を鍋から取り出し、アルミ箔をかぶせて温かい場所に置いておく。

❺ 鍋に残った余分な油をふき取る。マデーラ酒を加えてアルコールをとばし、フォン・ド・フザンを加え、アクを除きながら煮つめる。シノワで漉し、ソース鍋に移して火にかける。塩、コショウで味をととのえ、バターで軽くモンテする。

❻ 提供の合図が入ったら、④をオーブンで温め直す。薄く3枚に切り分けて皿に盛り、ガルニテュール（姫ダイコンのグラッセとキノコのソテー）を添える。ソースを流す。

キノコのソテー

シャントレル茸　60g
シメジタケ　80g
バター、塩、コショウ　各適量
イタリアンパセリ　適量

① シャントレル茸とシメジタケを掃除し、塩、コショウしてバターでソテーする。
② 塩、コショウで味をととのえ、イタリアンパセリの細切りを加える。

ウズラのロティ、
リンゴとマスカット添え

Cailles rôties aux pommes et aux raisins muscats

縁高の鍋に入れ、蓋はせずにロティール

目指す仕上がりは「皮はパリパリで、身はジューシー」。シンプルなロティールのイメージそのものだが、実際のウズラは1羽150g程度で皮が薄く、高温に直接さらすと肉が乾いてパサパサになりやすい。そこで熱気のあたりをやわらげる意味で、縁の高いココット鍋を使う。ただし、皮をふやかしたくないので蓋はしない。最後にフルーツを鍋に入れ、香りをなじませながら仕上げていく。

[材料 4人分]
うずら 8羽
ピーナッツ油 30ml
バター 60g
ジュ・ド・ヴォライユ 大さじ5
グラス・ド・ヴィヤンド 約20ml
コニャック 大さじ2
リンゴ 2個
マスカット 適量
グラニュー糖 適量
バター 適量
塩、コショウ

❶ ウズラを掃除し、脚を組み合わせる。

❷ リンゴを六ツ割りにして面取りし、適量のバターとグラニュー糖でカラメリゼする。マスカットは皮と種子を除く。

❸ ①に塩をふり、すり込む。ココット鍋を火にかけてピーナッツ油とバターを熱し、ウズラを手早くリソレして表面を色づける。

>>> この段階でウズラからかなり脂が出てくる。オーブンに入れる前に汚れた油脂をきれいにぬぐい取る。

❹ 鍋の中でウズラを、胸を上にして並べる。鍋を（蓋をせずに）200℃のオーブンに入れる。トータルの焼き時間の目安は8〜10分間。途中2〜3回オーブンを開け、鍋底にたまった油脂をスプーンですくって何度かウズラにかける（アロゼ）。

>>> 腿の内側（焼き色がつきにくい部分）に重点的にアロゼする。

❺ 焼き上がりの少し手前で、②をウズラの周囲に入れ、焼き上げる。ウズラとフルーツを取り出し、冷めないようアルミ箔をかぶせておく。

❻ 肉を取り出したココット鍋を火にかけ、ジュ・ド・ヴォライユとグラス・ド・ヴィヤンドを加えて煮つめる。シノワで漉す。鍋に戻し、塩、コショウで味をととのえ、火を止める。

❼ 提供の合図が入ったら、鍋にウズラとフルーツを戻し、蓋をして火にかける。ソースが沸いて肉が温まったら、火を止める直前に蓋を開けてコニャック（同量の水で割ったもの）をスプーンに2〜3杯、鍋の縁をすべらせながら加える。すぐに蓋をしてテーブルに運ぶ。

>>> 最後にコニャックを加えるのは演出上の効果を狙ってのこと。鍋ごとテーブルに運んで蓋を開け、湯気がわっと立ちのぼる状態を見ていただき、いったん下げてキッチンで盛りつけを行なう。

ブレス産鳩のクレピネット、トリュフ風味

Pigeon de Bresse en crépinette truffée

詰め物をした鳩を、蓋をしたココット鍋でロティール

骨を抜いた鳩の半身にムースなどの具をのせて巻き込み、クレピーヌ（網脂）で包んでジャンボネット（太いソーセージのような形）に整形する。むき出しでロティールすると焦げてしまうので、蓋をした鍋の中で蒸らしながら、ふんわりと焼き上げる。ただし、表面のクレピーヌはパリッと焼けていなければならない。

[材料　4人分]

鳩（ブレス産、350g大）　6羽
胸肉のムース
- 鳩のすり身　250g
- フォワグラ（火入れしたもの）30g
- 生クリーム　40ml
- 卵黄　1個
- ジュ・ド・ピジョン　20ml
- ジュ・ド・トリュフ　20ml
- 塩、コショウ　各少量

キャベツ　100g
- オリーブ油　大さじ1
- バター　20g
- 白ワインヴィネガー　少量

クレピーヌ（20cm×20cm大）　4枚
トリュフ（バトンに切る）　40g
バター（リソレ用、ポワレ用）　約50g
ミルポワ
- ニンジン（薄切り）　60g
- タマネギ（薄切り）　60g
- セロリ（薄切り）　30g

マデーラ酒　50ml
フォン・ド・ヴォー　60ml
フォン・ド・ピジョン　100ml
ジュ・ド・ピジョン　60ml
ジュ・ド・トリュフ　60ml
バター（モンテ用）　20g
塩、コショウ　各適量

ジャガイモのソテー

ジャガイモの皮をむき、1cm角に切って皮付きニンニクとともにオリーブ油、バターでソテーする。仕上げに塩、コショウで味をととのえ、イタリアンパセリを加える。

❶　鳩を半身にとる（胸肉を骨からはずし、ももは脚先の骨を残して太い骨を抜く）。胸肉は半分の薄さになるよう、肉を削ぐ。
>>> 削ぎとった肉はムースに使う。ガラはフォン・ド・ピジョンをとるのに使う。

❷　ムース用に取りおいた胸肉をフード・プロセッサーにかける。氷をあてたボウルに入れ、裏漉ししたフォワグラ、生クリーム、卵黄、ジュ・ド・ピジョン、ジュ・ド・トリュフを混ぜ合わせ、塩、コショウを加えてムース生地にする。

❸　キャベツを細切りにし、オリーブ油とバターを引いた鍋で弱火でゆっくりとソテーする。途中白ワインヴィネガーを少量ふりかけ、しっとりと火を入れる。

❹　クレピーヌ（よく洗って不純物を除いておく）を広げ、①をのせる（皮を下にして広げる）。軽く塩、コショウをふり、肉に②のムースをぬり広げる。③を置き、トリュフを重ね、クレピーヌで全体を包む。いったん冷蔵庫で寝かせて形を落ち着かせる。
>>> 包む際にクレピーヌに余りが出たら、重ねずに切り取る。重ねると焼きムラができ、食べたときに口に残るので。

❺　ココット鍋を火にかけてバター30gを入れ、泡立ったら④に塩をふって置く。全面を軽く色づけ、パリッとさせる（リソレ）。
>>> ムラができないように手早く焼く。火が強すぎてもはじけてしまうので注意する。

❻　表面が色づいたら火を止める。汚れたバターをふき取って新しいバター15〜20gとミルポワを加え、蓋をして200〜220℃のオーブンに入れる。途中、何度か蓋を開けてアロゼしながら、10〜12分間加熱する。

❼ 肉の中心にほぼ火が入ったことを確認したら蓋をはずし、きれいに色づくまでさらに2〜3分間焼いてく。

❽ オーブンから取り出す。肉を網にあげ、冷めないようアルミ箔をかぶせておく。

［焼き汁をソースに］

❾ 鍋をデグレッセし、マデーラ酒でデグラッセする。少し煮詰め、フォン・ド・ヴォーとフォン・ド・ピジョンを加えて少し煮つめ、シノワでこす。

❿ 別鍋でジュ・ド・ピジョンにジュ・ド・トリュフを加えて軽く煮詰めておき、❾に加える。塩、コショウで味をととのえ、バターでモンテしてソースとする。

［盛り付け］

⓫ 提供の合図が入ったら、❽をオーブンで温め直してから切り分け、コショウをふって皿に盛る。ガルニテュール（ジャガイモのソテー）を添え、ソースを流す。

> キュイッソンのキーワード 1

アロゼ arroser

調理中の食材に、焼き油(焼き汁)をかける作業をアロゼと呼ぶ。ロティールであれば、鍋底にたまった油脂をスプーンですくって肉にかけてやる行為。ブレゼの煮汁をかける行為も、ムニエルを焼く際、鍋の中で熱くなったバターを食材にかける行為も、アロゼだ。

〈ロティールにおけるアロゼの目的〉
① 油脂をかけて肉の乾きを防ぎ、つやよく香ばしく焼き上げる。
② 焼き汁には肉自身の脂肪やエキスが溶け出ている。これを肉に「戻す」。
③ 火のあたりにくい部分(凹んだところ、鶏の手羽やももの内側など)に熱い脂をかけることで、火入れをうながし、ムラなく仕上げる。

〈ロティール中のアロゼのポイント〉
① 焼いている途中にオーブンを開け、焼き油(汁)をすくって肉にかけることを数回繰り返す。
② とくに火のあたりにくい部分に重点的にかける。
③ 焼き汁が焦げていたり、汚れた脂が浮いていたら取り除いてからアロゼする。
④ 大きな塊の肉であれば、ロティール中2〜3度はオーブンを開けてアロゼする。ただし、必要以上に開けると温度が下がるので注意する。

II

蓋をして加熱する

CUIRE À L'ÉTOUFÉE

ブレゼ、エテュヴェ

Braiser, Étuver

素材を蒸気で包みながら煮る

ブレゼは、メイン素材を液体や香味材料とともに鍋に入れ、蓋をして加熱する調理方法だ。扱う素材も目的も多岐にわたる技法で、素材に対する液体の量によって調理の性格はやや異なるものになる。素材が完全に浸かる量の液体で行なうブレゼは、シチューやラグーのような煮込み料理のニュアンスが強い。

ここで照準を絞りたいのは、メイン素材の"一部が浸かる程度"に液体を加えて行なうブレゼ。まさに「蒸し煮」で、鍋の中で液体（フォンやワイン）がおいしい蒸気を発し、その蒸気で素材を包み込みながら加熱することが狙いだ。鳥類やリ・ド・ヴォーのようにパサつきやすい肉、あるいは煮くずれたり旨みが逃げやすい魚も、本来の個性を残したまましっとりと煮上げることができる。一方、牛舌のようなかたい肉を長時間ブレゼしてやわらかく煮上げるという方向性もある。

＊なお、エテュヴェ（蒸し風呂 étuve からきた語）も、意味するところは変わらない。

「素材とソースが同時に仕上がる」こと

ブレゼする間、メイン素材には煮汁の風味がからみ、煮汁には素材からだしが出る。肉であれ魚であれ、適切な量と旨みの煮汁でブレゼすることで、本来のナチュラルな個性としっかりとしたコクがそれぞれ生きた仕上がりになる。同時に、煮汁もおいしいソースになる。その「適切」を知るための指標は「ブレゼを終えたとき、煮汁もソースに仕上がっていること」。素材とソースが一体となって仕上がることが理想だ。鍋に入れる液体（と香味野菜などの副材料）は、①主素材を乾かさない必要最低限の量であり、②加熱する間にベストな状態に旨みが凝縮しているよう内容が考えられ、調理中もケアされていなければならない。

基本のプロセス

❶ 素材の表面をリソレして固める。色づけるか否かは、素材や料理の必要に応じて。

❷ 素材鍋に入れる。副材料（野菜など）、適正な量のワインやフォンを加える。

❸ 蓋をしてオーブンで加熱する。必要なら途中、ワインやフォンを足す。

❹ 素材に火が入ったら取り出す。煮汁は軽く煮詰める程度で、調味してソースに仕上げる。

ブレゼ、エテュヴェのポイント

1 素材の量に合った、蓋付きの鍋を使う。
蒸気を対流させることができる高さがあり、素材を重ねずに並べて少しゆとりのある程度の、大きすぎないものを選ぶ。素材に応じてその高さの4〜6分目まで液体を加える。鍋のサイズが適切でないと煮汁と素材の量的バランスがとれない。

2 液体の水位を一定に保つ。
調理中に煮汁が減ったら、素材が乾かないよう途中で液体を足す。またたとえば、トータルでワインを300ml使うとして最初に全量を加えるのではなく、2〜3回に分けて煮詰めては加える、煮詰めては加える…とするほうが、煮汁の旨みも効果的に凝縮できる。

3 野菜の水分量も考慮する
副材料の野菜は、加熱時間を考えて必要なら炒めて旨みを引き出しておく。煮ると水が出る野菜は、生で加えると煮汁を薄めてしまうので、素材によって事前にゆでる、炒める等を必要かどうかを判断する。

エトゥフェ：液体を加えず、素材自身の水分で加熱する場合

密閉状態で、液体を加えずにじっくりと素材に火を入れる調理もある。いわゆる蒸し焼きのことで「素材を、それ自身の水分によって煮る調理」と言いかえることもできる。素材の純粋な風味を引き出し、それを凝縮して最大限に表現する調理法だ。

たとえば保熱力が高く、蓋の重い（圧力効果も期待できる）鋳物のココット鍋で根菜をバターとともにじっくりと加熱する「ココット焼き」、ある種の包み焼き——紙包み焼きや塩包み焼きなど——、また、野菜や果物のコンフィチュールをつくる際、砂糖をかけて浸出させたそれ自身の水分で煮るケースもこれに該当する。ポイントは「素材内部の水分を沸かす」気持ちでゆっくりと火を入れること。その水分が素材を煮ながらゆっくりと蒸発していく（＝風味が凝縮する）が、火力が強すぎるとその前に焦げてしまう。

鳩とキャベツのエテュヴェ
Pigeon étuvé au chou en cocotte

骨付き鳥を最小限の液体で蒸し煮する

鳩のコフル（胸郭）とブランシールしたキャベツを、必要最小限の液体とともに蒸し煮する。骨付きの鳩からジュがしみ出し、キャベツの風味ととけあって、火を止めた時点で煮汁自体がおいしいソースに仕上がっている。調理中に必要ならジュやフォンを足すが、過剰な旨みや水分で鳩の風味を消さないようにする。

[材料　4人分]

- 鳩　2羽
- ニンニク（皮付き）　4かけ
- ベーコン（1cm角、長さ3cmのバトン）　8本
- エシャロット（みじん切り）　30g
- キャベツ　200g
- マデーラ酒　40ml
- 赤ワイン　40ml
- コニャック　30ml
- 姫ニンジン　4本
- 姫ダイコン　4本
- ピーナッツ油　30ml
- バター　15～20g
- 塩、コショウ　各適量
- ジュ・ド・ピジョン（またはフォン・ド・ピジョン、水）　約60ml

| 1 | 鳩のコフル(胸郭)から両もも、両手羽を切り離す。コフルに塩をふり、すりこむ。腹の内側にも塩をする。

| 2 | フライパンにピーナッツ油を熱し、塩をふった両手羽先と首つる、ニンニクをソテーする。コフルを(骨側を下にして)置く。まず骨側から焼き(約3分間)、コフルの切り口が焼き固まって香りが出てきたら上下を返して、皮面をきれいに色づける(リソレ)。

＊鳥類のコフルをリソレする場合は、必ず骨側から焼き始める。しっかりと焼いて香りを引き出してから、皮面を焼く。全体がきれいに色づくよう、適宜位置を変えながら。

| 3 | ココット鍋にバターを溶かし、ベーコンをソテーする。全面がきれいに色づいたらエシャロットを加え、さらに弱火でソテーする。透明になって香りが出てきたら3種類のアルコールを加え、煮立ててアルコール分をとばし、火を止める。

＊蒸し煮すると色がとぶので、ベーコンはしっかりと色づけておく。

| 4 | キャベツ(ブランシールして水気を切ったもの)を加えて敷きつめ、塩をふる。その上にリソレした鳩を置く。ブランシールした姫ダイコンと姫ニンジンを周囲においで蓋をかぶせ、200℃のオーブンに入れる。火入れ時間の目安は、3〜4分間。

＊野菜から水分が出すぎると煮汁が薄まってしまうので、今回の野菜はあらかじめ火を入れておく。これで充分に水分が出る。
＊オーブンを使わずに中火のレンジにかけて調理してもよい。

5　火入れの途中、蓋をあけて水分が足りているかを確認する。足りなければジュ・ド・ピジョンを足す。

＊ジュ・ド・ピジョンがなければフォン・ド・ピジョン、フォン・ド・ヴォライユまたは水でもよい。加えすぎて煮汁を薄めないように。

6　火入れを確認してコフレを取り出し、冷めないようアルミ箔をかけて温かい場所に置いておく。

＊提供のタイミングで必要ならオーブンで温め直す。

7　残った煮汁をシノワで漉し、塩、コショウで味をととのえてソースとする。

＊ベーコンとキャベツも鍋から取り出す。鍋に残った煮汁が足りない場合は、ジュ・ド・ピジョンを少量加えて軽く煮詰める。ルポゼしたときに肉から出た汁も、ソースに戻す。

＊左はプレゼンテーション例。キャベツとベーコンを鍋に戻し、別にブランシールした姫ニンジンと姫ダイコンも加えて温める。ルポゼした肉（必要なら温め直す）をのせ、客前で披露する。その場で、またはキッチンに下げて切り分け、盛りつける。

アンコウとアンディーヴのブレゼ、マスタードソース

Lotte de mer braisée à la moutarde

肉質のしっかりした白身魚の蒸し煮

アンコウのように身が厚く、水分が少なく、旨みの強い白身魚は蒸し煮に向いている。芯までしっとりと仕上げることができ、魚自身の旨みがしみ出た煮汁はナチュラルなソースになる。

[材料　4人分]
アンコウ　90gの切り身×4個
強力粉　適量
アンディーヴ　360g
ニンニク（皮付き・軽く叩く）4かけ
バター　60g
白ワインヴィネガー　40ml
イタリアンパセリ（シズレ）　2g

アパレイユ
┌ 白ワイン　120ml
│ マスタード（粒なし）65g
│ 生クリーム　100ml
└ レモン汁　少量
バター（モンテ用）　20g
塩、コショウ　各適量

1　アンコウをおろし、血合いと薄皮を掃除する。1個90gのポーションに切り分ける。塩、コショウをふり、強力粉をまぶす。余分な粉ははたき落とす。

＊小麦粉をまぶしてソテーすることで、アンコウの表面に「膜」をつくる。香ばしさをつけるとともに、煮くずれを防ぐ。

2　ココット鍋にニンニクとバター30gを入れ、1を置いて中～強火で表面を焼き固める。

＊バターの泡が小さくなったら、皮下の面から焼き始め、色づいたら上下を返して表面全体を軽く色づける。

＊最初に入れたバターには、皮下のゼラチンから溶け出た臭みがついている。ブレゼする前に必ずこれをふき取る。

3　新しいバター30gを加え、アンコウの上にアンディーヴをのせる。蓋をかぶせ、中火にかける。

＊アンディーヴは生から加熱しても水分がたくさん出ないので、ほどよい水分量を保ってブレゼできる。

＊写真はブレゼ約2分後の状態。アンディーヴがしんなりし始めている。均等に火が入るよう適宜裏返す。

[4] アンディーヴがしんなりしたら、白ワインヴィネガーを加え、蓋をしてさらに3分間加熱する。マスタード風味のアパレイユを加える。蓋をして4～5分間加熱する。

＊このアパレイユは白ワインでマスタードを溶き、生クリームとよく混ぜ合わせてレモン汁を加えたもの。マスタードはアンコウとアンディーヴそれぞれの風味を引き立てるのでたっぷりと加えている。アパレイユを加えた後も蒸し煮して、全体の風味をひとつにする。

[5] 煮あがりを確認してアンコウを取り出し、アルミ箔をかけて温かい場所で休ませておく。

＊ニンニクは煮汁から取り除く。この煮汁をソースに仕上げる。

[煮汁をソースに仕上げる]

[6] 煮汁を（コクが出るまで）軽く煮詰める。火を止めてアンディーヴを取り出し、アンコウにのせる。

＊休ませている間にアンコウから出たジュは鍋に戻す。

[7] 煮汁を漉し、ソース鍋にとる。バターでモンテし、レモン汁、塩、コショウで味をととのえる。

＊シノワに通す際、スプーンを使って煮汁に残る野菜や魚のかけらをしっかり押して汁を絞り出す。
＊アンコウとアンディーヴをこのソースの中で温めて、皿に盛る。

ペルドローとチンゲン菜の
ブレゼ

Perdreau braisé aux choux chinois

骨付きの半身の鳥を、さっとブレゼ。

ペルドロー（仔シャコ）は、鶏と鳩の中間サイズの鳥。1羽をタテ割りにした骨付きの状態でチンゲン菜の蒸し煮にのせてさっとブレゼする。煮汁は漉したりバターモンテしたりせず、自然なツヤを生かして仕上げる。

[材料　4人分]
ペルドロー　2羽
チンゲン菜（中心のやわらかい部分のみを使う）8株
塩漬け豚ばら肉（バトンに切る）60g
バター　20g
トマト　2個
フォン・ド・ヴォライユ　120ml
ジュ・ド・ヴォライユ　60ml
グラス・ド・ヴィヤンド　大さじ1／2
塩、コショウ

❶　ペルドローを縦に半割りにして、掃除する。チンゲン菜を掃除する。トマトの皮を湯むきし、くし形に切って種を除く。
>>> チンゲン菜を選んだのは、その青臭い香りとシャキシャキした歯ごたえがアクセントになると考えてのこと。生から加熱してもあまり水分が出ないところもこの調理に向いている。

❷　ココット鍋を火にかけ、バターを入れる。泡立ち始めたらペルドローに塩をふり、（骨を下にして）置く。骨の表面が焼き固まったら皮目を下にして、適宜位置を変えながら表面全体を均一に色づける。

❸　汚れた油脂をふき取り、新しいバター少量（分量外）、チンゲン菜、塩漬け豚ばら肉を加える。豚ばら肉が軽く色づいたらフォン・ド・ヴォライユ60mlを加えて蓋をする。残りのフォン60mlを途中で加えながら約3分間蒸し煮する。

❹　さらに、トマトを加える。蓋をして5〜6分間中火で煮る。仕上がり間際にジュ・ド・ヴォライユ、グラス・ド・ヴィヤンドを加え、塩、コショウで味をととのえる。

❺　ペルドローとチンゲン菜を皿に盛り、煮汁をかける。

ウサギのブレゼ、シャンパーニュ風味

Lapin braisé au champagne

ウサギをシャンパーニュで蒸し煮する

シャンパーニュは最初から全量を使わず、何回かに分けて鍋に加える。肉が液体に浸かって「ポシェ」にならないよう、といって煮詰まりすぎないよう。肉のエキスとともに少しずつ煮詰めていく。同時にシャンパーニュ自体の旨みも凝縮する。最後にウサギの肝臓でリエしてソースを完成させる。

[材料　6人分]

ウサギ（1.2Kg 程度）　1羽

ミルポワ
- ニンジン（小角切り）　100g
- タマネギ（小角切り）　150g
- エシャロット（小角切り）　80g

ニンニク（皮付き）　2かけ

タイムの軸　1本

ローリエ　1／2枚

クローヴ　3個

ナタネ油（リソレ用）　大さじ1

バター（リソレ用・ソテー用）　60g

小玉ネギのグラッセ（→ p.147）　200g

完熟トマト（皮をむき、カルチェに）　2個

シャンパーニュ　250ml

ジュ・ド・ラパン（またはフォン・ド・ヴォライユ、または水）　約100ml

グラス・ド・ヴィアンド　大さじ1

生クリーム　少量

コニャック　少量

塩、コショウ　各適量

❶　ウサギを掃除して骨付きのまま六ツ切りにする。肝臓は裏漉ししてピュレにしておく。

❷　厚手の鍋を火にかけてナタネ油とバター30gを引き、塩をふった①の肉を置く。表面を均一にきれいに色づけ（リソレ）、取り出す。

❸　鍋に残った汚れた油をふき取り、バター30gを加えて、ミルポワ、叩いたニンニク、タイム、ローリエ、クローヴを加えて中火でソテーする。

❹　③のミルポワの上に②の肉をのせ、小玉ネギのグラッセとトマトを周囲に置く。蓋をして約220℃のオーブンに入れる。

>>> ウサギに火が入るまでのトータルの加熱時間は25～30分間が目安。

❺　3～4分間後に蓋をあけ、シャンパーニュの1／3量を注ぎ入れ、蓋をしてさらに蒸し煮する。煮汁が煮詰まったらさらにシャンパーニュの1／3量を加え…、と3回繰り返す。その後、煮汁が少なくなったら適宜ジュ・ド・ラパンを加える。

❻　ウサギの火入れ具合を確認して鍋から取り出す。小玉ネギ、トマトも取り出し、保温しておく。

❼　同じ鍋を火にかけて煮汁を沸かし、アクを取り除く。グラス・ド・ヴィアンドを加えて少し煮つめ、シノワで漉す。ソース鍋に移して火にかけ、生クリーム、①の肝臓のピュレ（大さじ2）を加え混ぜる。コニャックを加えて香りをつけ、塩、コショウで味をととのえる。

❽　鍋にウサギと小玉ネギをもどして温め、皿に盛る。

リ・ド・ヴォーのブレゼ、フヌイユ風味

Ris de veau braisé au fenouil

塊のままブレゼして、ミルキーな風味を強調する

リ・ド・ヴォーは身質が繊細で、火入れによってパサつきやすい素材。塊のままブレゼしてしっとりと仕上げ、ミルキーな風味を強調する。それだけでは食べ飽きするので、あらかじめ表面に粉をふって焼き固めて香ばしさのアクセントをつけておく。ソースに加えるマスタードも、リ・ド・ヴォーの味の輪郭をきわだてるポイント。

[材料　4人分]
リ・ド・ヴォー　700g
薄力粉　適量
バター（リソレ用）　30g
ミルポワ
　┌ ニンジン（厚めのスライス）　40g
　│ タマネギ（厚めのスライス）　40g
　│ フヌイユ（厚めのスライス）　40g
　└ セロリ（厚めのスライス）　20g
ニンニク（皮付き）　1かけ
トマト　1個
パセリの軸　1本
バター（ソテー用）　適量
白ワイン（ブレゼ用）　160ml
フォン・ド・ヴォライユ　約200ml
グラス・ド・ヴィヤンド　大さじ1
マスタード　大さじ3
白ワイン　45ml
塩、コショウ　各適量
イタリアンパセリ　適量

フリット
フヌイユとエシャロットを細切りにし、それぞれを素揚げする。油をきって塩をふり、混ぜる。

ジロール茸のソテー
ジロール茸を掃除して、バターで香ばしくソテーする。

❶　リ・ド・ヴォーを掃除する。塩、コショウをふって薄力粉をまぶし、余分な粉をはたき落とす。

❷　フライパンにバターを溶かし、泡立ち始めたら①を置いて表面を焼き固め、全面をきれいに色づける。取り出す。

❸　ココット鍋にバターを溶かし、ミルポワ、叩いたニンニク、パセリの軸、トマトをソテーする。野菜がしんなりとして香りが出たら、②をのせ、白ワイン80mlを加えて蓋をする。液体を入れてからのトータルの加熱時間は約20分間が目安。その間、途中で一度リ・ド・ヴォーを裏返す（火の通りを均一にするため）。

❹　蒸し煮している間、液体が煮詰まったら白ワイン80mlを加える。さらに煮詰まったらフォン・ド・ヴォライユを100mlずつ加える（1〜2回）。

❺　リ・ド・ヴォーに火が入ったことを確認し、取り出す。アルミ箔などで覆って温い場所に置いておく。

[煮汁をソースに]

❻　ココット鍋に残った煮汁を沸かしてアクを除く。グラス・ド・ヴィヤンドと白ワインで溶いたマスタードを加えて、味がまとまるまで軽く煮詰める。シノワで漉してソース鍋に移して火にかけ、塩、コショウで味をととのえる。

❼　⑤をオーブンで温め直してエスカロップに切り分ける。皿に盛り、ソースを流す。ガルニテュール（フヌイユとエシャロットのフリット、ジロール茸のソテー）を中央にのせる。イタリアンパセリを添える。

野菜のエテュヴェ、トリュフの香り

Légumes à l'étuvée aux truffes

少量の液体とともに蒸し煮する

軽く下ゆでした野菜を、バターと少量のフォン・ド・レギュームで蒸し煮。野菜から出たジュを、再度野菜に煮含めながら仕上げていく。

[材料　4人分]
姫ダイコン（皮をむく）　4本
姫ニンジン（皮付き）　4本
ゴボウ（皮付き、乱切り）　8本
カブ（くし形に切る）　1個
ソラマメ　8個
スナップエンドウ　8本
オリーブ油　大さじ2
バター　25g
フォン・ド・レギューム　200ml
トリュフ（みじん切り）　12g
トリュフオイル　大さじ2
塩、コショウ　各適量
セルフイユの葉　適量

❶　野菜をそれぞれ歯ごたえの残る程度にブランシールする。
❷　鍋にオリーブ油とバターを入れて火にかけ、バターの泡が小さくなったら姫ダイコン、姫ニンジン、ゴボウ、カブを入れるA。
❸　塩、コショウして蓋をする。30秒ほどして野菜がしんなりしたらフォン・ド・レギュームの1／3量を加え、蓋をするB。ふつふつと沸いた状態を保って加熱する。

\>\>\> 煮上がりまでのトータルの加熱時間の目安は、5〜6分間。

❹　約3分後に蓋を開け、フォン・ド・レギュームの1／3量とトリュフを加え、再び蓋をして煮る。
❺　根菜の火の通りを確認して（ナイフの刃先を入れて中心まですっと入る）、残りのフォン・ド・レギューム、塩、コショウ、ソラマメとスナップエンドウを加えてさっと煮るC。
❻　最後にトリュフオイルを加えて全体を混ぜ、火を止める。セルフイユを加え混ぜ、皿に盛る。

野菜のエトゥフェ

Légumes à l'étouffée

密閉に近い鍋の中で、素材自身の水分で煮る。

エトゥフェは「窒息した」という意味。蓋をした鍋の中で注ぎ水をせずに加熱し、野菜内部の水分によって調理する。素材を焦がさないよう弱火でゆっくりと加熱を進める必要がある。保熱性が高く、蓋が重くて密閉力のある鋳物のココット鍋を使うのが最適だ。

[材料　2人分]
ポワロー（輪切り）　2カット
葉付き玉ネギ（タテ半割り）　2本
カブ（くし形に切る）　1個
ニンジン（大きめの乱切り・面取り）　1/2本
豚ばら肉　25g
キビ糖　小さじ1/2
バター　30g
ジュ・ド・レギューム＊　60〜80ml
＊フォン・ド・レギュームを約半量まで煮詰めたもの

❶　野菜は大きめにカットする A。

❷　ココット鍋にバター20gを溶かし、少量のキビ糖を散らし、豚ばら肉の表面をソテーする。

❸　表面が色づいたら野菜を入れ、それぞれ重ならないように並べる。新しいバター10gを足して蓋をかぶせ、弱火（フレンチトップレンジの隅など）で加熱する B。

❹　5分後にいったん蓋を開け、ひとつずつ野菜を裏返す。再び蓋をして加熱する。
>>> 野菜から水分が出ているのがわかる（右ページ上写真）。この水分がつねに鍋内に充満しているよう、加熱中は（焦げないようチェックは必要だが）蓋を開けての確認は最小限にとどめる。

❺　根菜にも火が入り、全体がきれいにカラメリゼされたら（開始後15〜20分） C、塩をふり、ジュ・ド・レギュームを加えてデグラッセする。火からおろす。

> キュイッソンのキーワード 2

リソレ rissoler

ことばの意味は「焼き色をつける」。とくに「メイン調理を行なう前に、肉の表面に焼き色をつける」技法を指す。オーブンで肉をロティールする前、あるいは肉を煮込む前に、少量の油脂を引いた鍋で焼いて表面を色づける（内部には火は入れない）作業だ。

〈リソレの目的〉
① 表面を焼き固めることで塊のフォルムをしっかりとさせる。
② きれいな色づけによって、おいしそうな表情になる。
③ 色づける（＝肉のエキスがカラメリゼされる）ことで、旨みとほどよい歯ごたえが生まれ、仕上がりのおいしさにつながる。

〈リソレのポイント〉
① よく熱した厚手の鍋を使い、強火で短時間に色づける。火力が足りないと肉の水分が逃げてしまう（油に水分が混じると色づかない）。また、だらだら時間をかけると肉の内部に火が入ってしまう。
② 表面全体を均等に色づけること。肉の一面一面を順に鍋底にあてて焼き、色づきの差がないようにする。
③ 色づけの度合いは、素材の性質、大きさ、メイン料理にかける時間によって判断する。

III

フライパンで焼く

CUISSON À LA POÊLE

ソテー

Sauter

広義のソテーと、狭義のソテー

ソテーとは、素材を熱したフライパンで油脂とともに（注ぎ汁をせずに）、強火で加熱するキュイッソンだ。広い意味ではステーキもオムレツもソテーにあたるが、本来この言葉は「とび跳ねる」という意味で、狭義としては「鍋をあおって素材を跳ね上げ、水分を含む熱気と油脂の力で火を入れるキュイッソン」だと、私は理解している。大きな塊ではなく、ある程度小さく切った素材を、強火で手早く加熱して香りを引き出す技法だ。

"跳ね上げ" ソテーのポイント

ここで言うのは狭義のソテー、つまりフライパンを使って「中～強火で手早く炒める」技法だ。

1 フライパンは片手であおれるもの

ソテーに使うフライパンはできるだけ厚手で、かつ、片手であおることが可能な重さのものを選ぶ。フッ素加工のフライパンは便利だが、途中からオーブンに入れる場合は鉄製のフライパンで。

2 熱い空気をかき回しながら炒める

充分に熱したフライパンに油脂を引き、素材を加えたらまず焼き色をつけ、そのあとはフライパン内をかき混ぜたり、フライパンを軽くあおって素材1片1片を踊らせながら、熱い空気をかき回す。その熱気の勢いで素材表面の水分がとんで、油脂が香ばしくからまっていく。

3 味つけのためのソテーもある

生からの加熱調理ではなく、すでに煮るなり焼くなりした食材を「仕上げにさっとソテー」する場合もある。アロマ素材や調味料とともにソテーして味をからめ、香ばしく仕上げることが目的。香りがもっとも高まった状態で仕上がるよう手早く行なう。

キュイッソンにおいては油脂の選び方もポイント。その油脂の香りと加熱可能な温度帯を考えて選ぶ。バターはフランス料理の香りを支える大事な油脂だが、ソテーに好適なのは120〜130℃で、150℃を越えると乳しょうが黒く焦げてくるので高温でのソテーには向かない面がある。私はバターとオリーブ油（200℃まで加熱できる）を半々にして使うことが多い。

キノコのソテー

Champignons sautés

キノコは水も油も吸いやすい──終始強火で、手早く

キノコという素材は水分が多いうえに、油分を吸いやすい。強火で手早く火を入れないと、水分がどんどん出てベタベタになってしまう。フライパンはつねにあおり、キノコを躍らせながらソテーする。

［材料　4人分］
エリンギ　2本
シメジ　60g
マイタケ　60g
シイタケ　60g
ヒラタケ　50g
シャンピニョン　40g
オリーブ油　20ml
バター　30g
塩、コショウ　各適量
エシャロット（みじん切り）　40g
トマト（5mm角）　スープスプーン4杯
シブレット（2cmに切る）　5g
トリュフ（薄切り）　好みで

❶　キノコを数種類を用意し A 、それぞれひとくち大に切る。

❷　フライパンを火にかけ、オリーブ油20mlとバター20gを入れる B 。

❸　バターが泡立って香りが出てきたらキノコを加え、すぐにフライパンをあおりながら強火で炒め始める C 。

❹　表面が色づいてきたら（約1分後） D 、塩、コショウをふり、エシャロットを加える E 。2〜3度あおってからトマトを加え、さらにあおりながら炒める F 。

❺　全体に火が通り、水分がとんだらバター10gを加え、さっと炒めて香りをなじませる。

>>> 香りづけとともにツヤ出しの意味もある。

❼　皿に盛り、シブレットを散らす。好みでトリュフの薄切りをのせる。

ホウレン草のソテー、ニンニク風味
Epinards sautés à l'ail

少量の水を加え、蒸気の力も借りてソテーする

生のホウレン草をそのままソテーしてもすぐには熱となじまない。熱いフライパンにホウレン草を入れたら、少量の塩と水を加え、立ちのぼる蒸気の力も借りて一気に炒める。

[材料　つくりやすい量]
ホウレン草（掃除する）　160g
バター　20g
ニンニク（皮をむく）　1かけ
水　大さじ2
塩、コショウ　各適量

❶　鍋にバターを溶かすA。
❷　ニンニクを刺したフォークでさっとバターを混ぜて鍋に香りをつけ、ホウレン草を加えるB。
❸　すぐに塩、コショウ、少量の水を加えるC。ニンニクを刺したフォークで混ぜながら、中〜強火でソテーする。

>>> 水は、熱い鍋の底に直接あてるように加え、一気に蒸気を立てる。蒸気とバターをホウレン草に「からませるよう」、さっと混ぜながら手早く炒め、つやよく仕上げる。写真Dはガルニチュールとした例。

カエルのソテー、プロヴァンス風
Cuisses de grenouille à la Provençale

粉をつけて「ポワレ」→アロマ素材を加えて「仕上げのソテー」
最初は「ポワレ」の要領で両面を順に焼き、いったん汚れた油を除いてからアロマ素材を加えてソテーする。

[材料　4人分]
カエル　40匹
薄力粉　少量
バター　80g
ニンニク（みじん切り）　2かけ
エシャロット（みじん切り）　1個
トマト（小角切り）　2個
パセリ（みじん切り）　大さじ2
シブレット（シズレ）　10本
レモン汁　1/2個分
塩、コショウ　各適量

❶　カエルの首を取り、皮をはぎ、キッチンペーパーで水気をきれいにぬぐって両脚をクロスさせる。塩、コショウをふり、薄力粉をまぶしつけてていねいにはたき落とす。

❷　フライパンを熱してバター40gを溶かし、泡立って香りが出たら①を入れる。片面ずつ動かさずに焼き、きれいに色づける。
>>> この時点ではバターが焦げないよう中火を保ちながら。

❸　汚れた油脂をふき取る。新しいバター40gを加えてエシャロット、トマト、ハーブを加え、火力を強めてフライパンをあおりながら手早くソテーする。仕上げにレモン汁を加える。

アワビのソテー、プロヴァンス風

Oreille de mer sautée à la Provençale

あらかじめ火入れした素材を「仕上げソテー」で香りよく

ゆでる、炒めるなどしてすでに火を入れた素材を、最後に香味素材と炒め合わせるケース。ここでは煮アワビの薄切りをプロヴァンサルバターでソテーして、アワビにバターの風味を含ませながらニンニク、ハーブの香りをからませる。

[材料　2人分]
アワビ（殻付き250g）　2個
┌ 水　2L
│ 白ワイン　200ml
│ ダイコン（粗切り）　適量
│ パセリの軸　適量
│ 粗塩　適量
└ 白粒コショウ（ミニョネット）　適量
プロヴァンサルバター＊　30g
トマト（バトンに切る）　1個
レモン汁　少量
バター（肝のソテー用）　少量
イタリアンパセリ　少量
塩、コショウ　各適量

❶　アワビを掃除して身をはずし、肝を取り分ける。鍋に水、白ワイン、ダイコン、パセリの軸、粗塩、ミニョネット、アワビの身を入れて火にかけ、やわらかくなるまで弱火で約40分間煮る。

❷　煮あがったアワビを厚さ5〜6mmの斜め切りにする。

❸　厚手のフライパンを火にかけ、プロヴァンサルバターを入れる。泡立って香りが出てきたら、②に塩をふって入れる。フライパンをあおりながら手早くソテーし、香りをからませる。トマトとレモン汁を加えてあおりながら混ぜ、火からおろす。コショウをふる。

❹　別にアワビの肝に塩をふってバターでソテーする。コショウをふる。

❺　皿に③と④を盛り、イタリアンパセリを飾る。

プロヴァンサルバター（つくりやすい量）
バター　120g
ニンニク（みじん切り）　小さじ1
エシャロット（みじん切り）　小さじ1
パセリ（みじん切り）　大さじ1
セルフイユ（みじん切り）　大さじ1
シブレット（みじん切り）　大さじ1
タイム（みじん切り）　小さじ1
オリーブ油　30ml
レモン汁　小さじ1

①　バターをポマード状にしてボウルに入れる。
②　その他の材料を加えて混ぜる。

ポワレ

Poêler

ポワル鍋（フライパン）を使う「ポワレ」

ポワレは、「平たく切り整えた食材の両面を、油脂とともに厚手のフライパン（poêle）で焼く」という調理方法。肉や魚の切り身の両面をきれいに色づけ、表面は香ばしく、内部はジューシーに仕上げる。

ポワレのポイント

フライパンの鍋肌から伝わる熱をどのように管理するかが、カギとなる。

1 プラック（鉄板）上に置くか、直火にかけるか

平らなIHレンジやプラック上にフライパンを置くと、底面に均一に熱があたるメリットがある。伝統的なヒートトップレンジのプラックはエリアによって火力に差があるので、フライパンをどこに置くかで火力調整をする（その差を身体で覚えておくことが前提）。ガス火の場合は、火の大きさがずばり目で確認できることがメリットだ。

2 フライパンは、保熱性の高い厚手のものを選ぶ。

薄手のものは火の回りが早く、焦げやすい。厚手の鍋を充分に熱してから、油脂を引き、素材を置く。

3 「面」を焼く。

油脂を熱して素材を置いたら、むだに動かさないこと。置いた状態で静かに焼き、その面が色づいてある程度内部まで火が入り始めたら、裏返して、反対面を同様に焼く。厚い肉の場合は、両面だけでなく側面も同様に。

4 「強めの火で表面を固める」と「じっくりと焼く」のバランス

まずは素材の表面を焼き固め、あとは素材の性質・厚さ・オーダーの焼き加減に合わせて焼いていく。そこからじっくりと火を入れたい場合は、火力を弱めたレンジ上で時間をかけて焼く、あるいはフライパンごとオーブンに入れて焼く、どちらの方法もある。

5 魚のポワレは皮面から

皮付きの魚は皮面から焼き、皮下の脂肪にしっかりと火を通して焼いて皮をパリッとさせてから、反対面を焼く。皮面で8割焼き、反対面を2割焼く、というイメージ。皮をはずした魚も、皮のついていた面（盛り付け時に上になるほう）を先に焼く。なお、魚が新鮮であるほど、皮が縮んで身が反り返りやすい。皮を焼くときに上からスパテュールで軽く押さえると、皮が縮まず、こんがりときれいに焼ける。

「I オーブンで焼く」で触れたように、エスコフィエの時代は「塊肉をミルポワとともにオーブン焼き」する調理をポワレと呼んでいたが、時代がくだるにつれ、「平たい切り身をフライパンで焼く」の意味として使われるようになった。高級フランス料理のサービス形式が大きな盆盛りからひとり分の皿盛りに変化するにつれ、「切り身のフライパン焼き」の重要度が増したものと思われる。また、ヌーヴェルキュイジーヌの時代にフッ素樹脂加工フライパンが登場したことも、ポワレ料理の広がりを後押しした。

ノルウェー産サーモンのポワレ、根セロリのピュレ入りブールブランソース

Saumon poêlé, sauce beurre blanc au céleri-rave

分厚い切り身を、皮側の身→反対面→両側面の順に焼く

皮を引いた、厚さ約2cmのサーモンの切り身。分厚い身なので上下の面だけでなく側面も焼く。バターが焦げない温度を保って全面をほどよく色づけ、中心を半生に仕上げる。

[材料　4人分]
ノルウェー産サーモン　皮引き後80gの
　切り身4枚
オリーブ油　適量
バター　適量
ソース・ブール・ブラン *　80ml
根セロリのピュレ（ゆでて裏漉ししたもの）
　40g
シブレット（みじん切り）　4g
レモン汁　少量
塩、コショウ　各適量

ソース・ブール・ブラン
仕上がり約300ml
エシャロット（みじん切り）　80g
白ワインヴィネガー　50ml
白ワイン　80ml
白粒コショウ（ミニョネット）　少量
バター　280g
塩　少量

① バターと塩以外の材料を鍋に入れて火にかけ、1／3量になるまで煮詰める。
② 鍋を火からおろし、泡立て器で混ぜながらバターを少しずつ加える。しだいにツヤが出てくる。濃度がつきすぎたら少量の水（分量外）を加えて調整する。
③ 塩をふって味をととのえ、火にかけていったん沸かしてからシノワで漉す。このときエシャロットをスプーンでよく押してソースを絞りだす。

❶ サーモンの皮を引き、ポーションに切り分ける。

❷ フライパンを火にかけ、オリーブ油とバターを半々に入れる。バターが泡立ち始めたら、塩をふったサーモンを（皮の付いていた面を下にして）並べる⒜。

>>> バターが焦げたら布でふき取り、新しいバターを足す（とくに最初のバターには魚の臭みが混じっているので必ずふき取る）。つねにバターが泡立っている状態を保ってポワレする。

❸ 皮下のゼラチン質にしっかりと火が入り、皮がこんがりと焼けてきたらサーモンを裏返す⒝。

>>> 切り身の側面を見て、左右の両端から内側約5mmが白くなった頃が、裏返す目安。

❹ アロゼしながらきれいに色づけ、さらに両側面も下にして焼く⒞。

>>> 焼き上がりは指で身を押したときの弾力で判断する。ぶにゅっとやわらかい場合は火入れが足りない。押し返してくるような弾力を感じたら取り出す。

❺ ソースを用意する。ソース・ブール・ブランを温め、根セロリのピュレを混ぜ合わせて塩、コショウ、レモン汁で味をととのえる。シブレットを加える。

❻ 皿にホウレン草のソテー（p.66参照）を敷き、焼き上げたサーモンを盛る。ソースを流す。

073

キスのポワレ、ニンニク風味

Filets de KISU poêlés aux gousses d'ail confites

身の薄い皮付き魚を焼く

キスは身が薄く、脂肪も少ない。高温のオリーブ油で、適宜アロゼしながら手早く焼いて香ばしさをきわだてる。

[材料　4人分]
キス（200g大）　8尾
オリーブ油　30ml
白ワインヴィネガー　60ml
フュメ・ド・ポワソン　40ml
バター　20g
ニンニクのコンフィ＊　8かけ
新ジャガイモのソテー＊　8個
シブレット（みじん切り）　大さじ1
塩、コショウ　各適量

❶　キスをフィレにおろす。

❷　厚手のフライパンにオリーブ油を引いて熱し、塩をふったキスを皮目を下にして焼き始める。裏返してアロゼしながらさらに焼き、こんがりと仕上げる。取り出す。

❸　フライパンに残った油をふき取る。白ワインヴィネガーを加えてデグラッセし、フュメ・ド・ポワソンを加え入れて少し煮詰める。バターでモンテし、塩、コショウで味をととのえてソースとする。

❹　皿にキスを盛り、温めたニンニクのコンフィと新ジャガイモのソテーを添える。ジャガイモにシブレットをふる。ソースを流す。

ニンニクのコンフィ
薄皮1枚を残してニンニクの皮をむく。75〜80℃の澄ましバターの中で約1時間煮る。

新ジャガイモのソテー
新ジャガイモを軽くゆでて皮をむき、丸のままオリーブ油でソテーして色づける。塩、コショウする。

牛背ロースのポワレ、
香草風味、マスタードソース

Entrecôte de bœuf poêlée aux fines herbes, sauce à la moutarde

オーブンも併用して、厚い肉をジューシーに

牛背ロースのブロックをフライパン上でポワレし、最後はオーブンでジューシーに焼き上げる。

[材料　4人分]
牛背ロース肉　350gのブロック×2個
オリーブ油　20ml
バター　30g
ディジョン産マスタード　20g
粒マスタード　60g
ハチミツ　10g
シブレット（みじん切り）　60g
ソース・ア・ラ・ムータルド
（→ p.161）　80ml
塩、コショウ　各適量
グラタン・ドフィノワーズ *
クレソン　8本
フルール・ド・セル　適量

❶　牛背ロースのブロックに塩をふる。
❷　厚手のフライパンにバターとオリーブ油を引き、①をポワレする。片面ずつ焼いて両面ともきれいに色づけ、側両も焼く。
❸　180℃のオーブンに入れる。焼き上がりを確認して取り出し、アルミ箔で包んで温かい場所に置いておく。
>>> オーブンを使わず、そのままレンジ上でゆっくりと時間をかけて仕上げていくこともできる。
❹　二種のマスタードとハチミツを混ぜ、③の上面にぬりつける。全面にシブレットをつける。160℃のオーブンで2〜3分間焼く。
❺　肉を切り分け、皿に盛る。グラタン・ドフィノワーズを添えてソースを流し、肉にコショウ、フルール・ド・セルをふる。クレソンを飾る。

グラタン・ドフィノワーズ

ジャガイモ　直径4cm、厚さ7mmの輪切り　30枚
ニンニク（みじん切り）　15g
ポワロー（薄切り）　60g
バター　適量
牛乳　750ml
生クリーム　750ml
グリュイエールチーズ　40g

①　ニンニクとポワローをバターでシュエする。ジャガイモ、牛乳、生クリームを加えて紙蓋をし、ゆっくりと煮る。
②　7割がた煮えたらイモを取り出す。煮汁を煮詰めて漉す。
③　グラタン皿にバターをぬり、ジャガイモを並べて煮汁を流す。削ったグリュイエルチーズをふりかけ、180〜200℃のオーブンで5〜6分間（焼き色を見ながら）焼く。

野ウサギ背肉のポワレ、血入りソース

Râble de lièvre poêlé, sauce au sang

表面を一気に焼き、休ませてセニャンに仕上げる

家ウサギと異なり、野ウサギの肉は水分も多く、赤身が強い。火入れが早いので、ピーナッツ油主体で表面を一気に焼いて、休ませてセニャン（ミディアムレア）に仕上げる。最後にソースを表面にかけるので、色づけ度合いにはさほどこだわらず、キュイッソンに集中する。

[材料　4人分]
野ウサギの背肉　4枚（2羽分）
野ウサギのフィレ　4枚（2羽分）
ピーナッツ油　30ml
バター　10g
野ウサギのソース＊　160ml
リンゴジャム＊（ソース用）　30g
トランペット茸のクリームあえ＊
リンゴのコンポート＊　1個分
リンゴジャム（ガルニチュール用）　60g
リンゴのチップ　4枚
塩、コショウ（白、黒）　適量

野ウサギの血入りソース
仕上がり300ml

野ウサギの骨、くず肉　500g
ニンニク（皮付き）　1かけ
玉ネギ（粗切り）　80g
ニンジン（粗切り）　80g
エシャロット（粗切り）　50g
セロリ（粗切り）　20g
赤ワイン　200ml
フォン・ド・リエーヴル　200ml
タイムの軸　1本
ローリエ　1枚
パセリの軸　1本
ブーケ・ガルニ　1本
ピーナッツ油　適量
野ウサギの血　適量
バター　少量
粗塩　適量

① 鍋にピーナッツ油を引き、野ウサギの骨とくず肉を炒めて焼き色をつける。途中、ニンニクとミルポワを加える。ザルにあけて油をきる。

❶ （事前に）野ウサギをさばき、背肉とフィレ肉をとる。骨やくず肉で「野ウサギの血入りソース」を用意しておく。

>>> 伝統的な野ウサギ料理には、"赤ワインで肉をマリネして、そのマリナードを使って煮込む"というスタイルがある。ここではマリネはせずに精肉のままポワレして、肉の野生の香りをストレートに生かす。

❷ フライパンにピーナッツ油とバターを引いて熱し、野ウサギの背肉に塩をふって、置く。アロゼしながら両面を手早くポワレして取り出す。フィレは塩をふって、表と裏をごく短時間ずつ、さっと焼いて取り出す。それぞれアルミ箔をかぶせ、温かい場所で休ませておく、

❸ 休ませている間にソースを火にかけ、リンゴジャムを加える。血を加えてリエし、塩、コショウで味をととのえる。

❹ 提供の合図が入ったら肉を温め、切り分けて黒コショウを挽きかけ、皿に盛る。トランペット茸のクリームあえ、リンゴのガルニュール（コンポート、ジャム、チップ）を添え、肉の表面にたっぷりとソースを流す。

② この鍋を赤ワインでデグラッセする。
③ 別鍋に①と②を合わせ、フォン・ド・リエーヴル、香草、ブーケ・ガルニ、粗塩を入れ、アクを取り除きながら煮出す。シノワで漉し、ソース鍋に移す。
④ ③にバターと野ウサギの血を加える。いったん沸かして火からおろし、塩、コショウで味をととのえる。シノワで漉す。

トランペット茸のクリームあえ
トランペット茸をバターでソテーし、生クリームを加えて軽く煮る。塩、コショウで味をととのえ、シブレットとあえる。

リンゴのジャム
リンゴの粗切り1kgとキビ糖400gを中火で煮る。さらにキビ糖200gを2〜3度に分けて加えながら煮詰める。仕上がりにレモン汁とシナモンパウダーを加える。

リンゴのコンポート
紅玉リンゴ5個を白ワイン1l、グラニュー糖200g、レモンスライス1/2個分、黒コショウ少量で煮る。厚さ1cmの輪切りにして、フライパンでポワレする。

仔牛レバーのエスカロップ、バルサミックソース

Escalope de foie de veau poêlée, sauce au vinaigre balsamique

赤身レバーは、中火を保ってバターでポワレ

フォワグラは脂の塊なので強火で一気に焼くが、赤身のレバーはそこまで急がずに。中火を保ってバターの風味をからませながら、芯まで徐々に熱を伝えていく。芯に生っぽさが残らないよう、もちろんかたくならないよう、ふんわりした状態に仕上げる。

[材料　4人分]
仔牛のレバー（フランス産）　約300g
薄力粉　少量
ピーナッツ油　20ml
バター　20g
1／3に煮詰めたバルサミコ酢　30ml
1／3に煮詰めた赤ポルト酒　30ml
グラス・ド・ヴィアンド　大さじ1
バター（モンテ用）　5g
塩、黒挽きコショウ　各適量
新玉ネギとアンディーヴのグラッセ＊
ソラマメのバターあえ＊
キンカンのカラメリゼ＊
フルール・ド・セル　適量
黒コショウ（ミニョネット）　適量

新玉ネギとアンディーヴのグラッセ
新玉ネギとアンディーヴのスライスに少量のグラニュー糖をまぶし、バターで溶かした鍋に入れる。黄金色になるまで、弱火でゆっくりと加熱する。

ソラマメのバターあえ
ソラマメをブランシールして氷水にとり、冷やす。皮をむいてバターとともに鍋にとって温め、塩、コショウで味をととのえる。

キンカンのカラメリゼ
キンカンを半分に切り、切り口を下にして少量のバターでゆっくりとソテーする。

❶　仔牛レバーの表面の膜をはずす A。厚さ約1.5cmのエスカロップに切る。表面に格子状の切り目を入れる。

❷　塩、黒挽きコショウをふって軽く薄力粉をまぶす B。余分な粉をはたき落とす。

❸　厚手の鍋にピーナッツ油を引いて、②を置く C。中火で底面を焼き固めたら、バターを加えて、裏返す D。適宜アロゼしながらきれいに色づける（焼き時間は各面1～2分が目安）E。

>>> 中途半端に火の入ったレバーはおいしくない。芯まできちんと火を入れたいが、その後はすぐにかたくなっていくので注意。指で触ってそのぎりぎりのタイミングを見きわめて、取り出す。

❹　レバーを取り出す。鍋の汚れた油をふき取り、煮詰めたバルサミコ酢とポルト酒を加える。グラス・ド・ヴィアンドを加えて軽く煮立て、シノワで漉す。塩、コショウで味をととのえ、軽くバターでモンテする。

❺　皿に新玉ネギとアンディーヴのグラッセを盛ってソラマメのバターあえを添える。レバーを盛り、クルミ（ローストして砕いたもの）をのせる。ソースとキンカンのカラメリゼを添え、皿のふちにフルール・ド・セルと黒コショウのミニョネットをのせる。

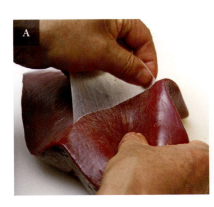
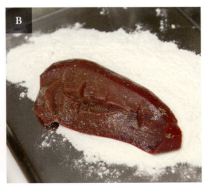

仔羊の骨付き背肉のポワレ、ゴボウのチップス添え

Côtelettes d'agneau poêlées, salsifis frits

骨周りをしっかりと焼く

脂肪、赤身、背骨、あばら骨——ひとつの塊に形も性質もまったく異なる部位がある。それぞれに適した熱を伝えるには焼き方の工夫が必要だ。最終的なポイントは、火の入りにくい骨周りや脂肪の下のスジまで焼ききること。骨とスジにしっかりと火を入れることで、仔羊ならではの甘みやジューシー感がきわだつ。

[材料　2人分]
仔羊のコートレット　骨4〜5本分の塊
ピーナッツ油　20ml
バター（ポワレ用）　約40g
水　適量
ジュ・ダニョー　40ml
バター（モンテ用）　10g
塩、コショウ　各適量

[ガルニテュール]
新じゃがいものソテー
ゴボウのチップス
ゴボウの赤ワイン煮

1. 仔羊のコートレットを掃除する（背骨下のスジをきれいにはずす）。今回、あばら骨の先端部分も掃除している。表面に塩をふる。

＊塩は背の脂肪、赤身、あばら骨の裏にそれぞれふる。骨と骨の間、脂肪とスジの間にもふること。

2. 塩をふった後、約15分間おいてなじませる。

15分後の状態。

＊塩がなじんで、肉から少し水分がにじみ出ている。この状態になってから焼き始める。

3. フライパンに少量のピーナッツ油を引いて火にかけ、脂を下にして仔羊を置く。中火で焼き始める。

＊急がずにじっくりと火を入れて、脂肪をきれいに色づける（脂肪の厚さにもよるが、目安として約2分間〜2分半）。

4. 肉を立てて赤身の角を焼く。フライパンのへりのカーブに押し当てながら、手早く焼き固める。

＊側面を見ると、脂肪の下のスジまできれいに火が入っていることがわかる。ここまで焼いてから赤身を焼き始める。

＊あばら骨の付け根までまんべんなく焼けるよう、少しずつ角度を変えてフライパンに押し当てる。

5 バターを適量加え、両側面の赤身を、中火で焼く（目安として各面1分間）。

＊焼いている間に仔羊からも脂が出る。加熱で汚れてきたらふき取り、バターを少量足す。

4 全面がきれいに色づいたら汚れたバターをふき取り、新しいバターを加えて脂身を下に置く。弱火にして、あばら骨の付け根、あばら骨の内側に重点的にアロゼしながら、ゆっくりと加熱する（目安として約4〜5分間）。

＊アロゼの目的は、①仔羊から出た脂とバターの香りをひとつにして、肉になじませること。②火の入りにくい骨のきわ、裏側の熱を伝えること。
＊バターが汚れたら、ふき取って新しいバターを加える。

7 赤身を下にして、さらに軽くアロゼする。指で触れ、肉の弾力から火入れ具合を確認し、取り出す。アルミ箔をかぶせて温かい場所で休ませる。

＊火が入りきっていなければ途中からオーブンに入れてもよい。

8 ソースをつくる。フライパンに残る汚れた油脂をふき取り、水でデグラッセしてジュ・ダニョーを加え、煮詰める。シノワで漉す。塩、コショウで味をととのえ、バターでモンテする。

9 盛り付けの合図が入ったら、サラマンダーでまず脂肪の面を上にして、次にあばら骨を上にして、それぞれ30秒間ずつ焼く。

＊骨の裏側をしっかりとあぶってカリッとさせることが大切。仔羊らしい「香ばしさ」がここで決まる。

10 仔羊を切り分け、断面にコショウをふる。皿に盛り、ガルニテュール（新ジャガイモのソテー、ゴボウのチップスと赤ワイン煮）を添え、ソースを少量流す。フルール・ド・セルを肉の断面にのせる。

＊「ロゼ」に仕上がった断面。全体がピンク色でジューシー。ソースなしでも充分においしい。p.80の写真はソースを添えない仕上げ例。

新ジャガイモのソテー
フライパンにオリーブ油を引き、新ジャガイモ（皮をむいて4分の1にカットする）をソテーする。8割がた火が入ったらニンニクの薄切り、シブレットのみじん切りを加え、さらに加熱して仕上げる。塩をふる。

ゴボウのチップス
ゴボウをピーラーで薄切りにし、ピーナッツ油で揚げる。塩、コショウする。

ゴボウの赤ワイン煮
ゴボウを長さ7〜8cmに切り、タテ半分に切る。ブランシールする。水気をきって鍋に取り、赤ワインをひたひたに加え、フォン・ド・ヴォー少量、スターアニス、フェンネルパウダー、塩、コショウを加えて煮る。

アロゼ焼き

Poêler en arrosant de l'huile et du beurre

ひたすらアロゼしながらポワレする

アロゼは、火入れ中に焼き汁や煮汁を食材にかけること（p. 60参照）。ロティールの途中でも、ブレゼの途中でもそれぞれの目的をもってアロゼを行なうが、ここで取り上げるのは「フライパンの上で、たえずアロゼしながらポワレする」調理技法だ。通常のポワレでもアロゼは何度か行なうが、よりアロゼに重きを置いたケース。油脂の扱い方によってポワレ調理に幅が出せることを知っていただきたい。

よりデリケートにポワレしたい場合

水分の少ない、身質の繊細な食材に向く。ていねいにアロゼしながらゆっくりとポワレすることで、よりデリケートな火入れができる。

揚げたような香ばしさを強調したい場合

高温の油をかけながらさっとポワレすることで、香ばしさをきわだて、表面をカリッとした感じに仕上げる。

アロゼ焼きのポイント

1 **表面を焼き固めてから、絶えず、手早くアロゼ**

食材をフライパンに置いたら、表面を焼き固めてから（必要ならバターなどの油脂を追加して）アロゼを行なう。つねに食材の表面が熱い油脂をまとっているよう、手早く油脂をかけ続けながらポワレする。

2 **汚れた油脂はふき取る**

加熱中に油脂が汚れたり、焦げたかけらが混じったらふき取る。汚れた油脂をかけないこと。

「アロゼ焼き」は、キュイッソンの特徴を表わす言い方としてこの本で便宜上名づけたもので、フランス料理一般の通称ではない。ただし、ストーブの上で肉や魚につきっきりになってアロゼしながら焼くことは、実際のフランス料理として確立したコンセプトだと思う。

車エビのアロゼ焼き
Crevettes poêlées

手早いアロゼで、表面をカリッと香ばしく
小麦粉をまぶした車エビを、バターでアロゼしながら手早く焼く。熱い油脂をつねにかけることで、エビをかたくすることなく、表面だけカリカリに仕上げる。

[材料　4人分]
車エビ　12尾
強力粉、塩、コショウ　各適量
オリーブ油　30ml
バター　40g
エストラゴン風味のオマールのソース＊　100ml
ソース・ヴェルト（→p.161）少量
プチトマトのコンフィ＊　12個
ゴボウとエストラゴンのフリット（解説略）

❶　車エビの胴部分の殻をはずす。塩、コショウをふり、強力粉をまぶしつける。

❷　フライパンを熱してオリーブ油を引き、①を並べる。強めの中火。

❸　すぐにバター20gを入れて泡立て、それをスプーンですくってエビにかけ続けながらポワレする。

>>> バターが焦げてきたら汚れた部分はふき取り、新しいバター20gを加えてアロゼを続ける。

❹　ソース・ヴェルトを刷毛でぬった皿に車エビを盛り、エストラゴン風味のオマールソースを流す。ガルニチュール（プチトマトのコンフィ、ゴボウとエストラゴンのフリット）を添える。

エストラゴン風味のオマールソース　つくりやすい量
フォン・ド・オマール　300ml
エストラゴン　4本
バター　30g
塩、コショウ　各適量

フォン・ド・オマールにエストラゴンを入れて1／3量まで煮詰める。塩、コショウで味をととのえ、バターでモンテして、シノワで漉す。

プチトマトのコンフィ
プチトマトを半分に切り、天板に並べる。その上に塩、コショウ、キビ糖、ニンニクの薄切り、タイムの軸を散らし、オリーブ油をかけて65〜70℃のオーブンに入れ、水分がとぶまで（3〜4時間）加熱する。

ヒラメの"ロティ風"、ヴェルモット風味

Filet de turbot "rôti" au vermouth

表面の香ばしさ、身質のふんわり感の対照

たんねんにバターでアロゼすることで、分厚いヒラメの身をしっとりとジューシーに火入れする。と同時に、表面は揚げたようなカリカリ感に仕上げる。「ロティ風」というタイトルはアラン・シャペル氏流の呼び方で、きわだった香ばしさからのイメージ。

[材料　4人分]
ヒラメ（2.5〜3kg大）　100gの切り身×4枚
バター（ポワレ、アロゼ用）　30g
薄力粉、塩、コショウ　各適量
エシャロット（みじん切り）　40g
バター　10g
ノワイー酒　70ml
生クリーム　180ml
クールジェット、カブ、ニンジン　各適量
セルフイユ　少量
レモン汁　適量
バター（モンテ用）　10g
新ジャガイモのロースト（→p.74）

❶　ヒラメを五枚におろして皮を引き、エスカロップに切り分ける。塩をふり、薄力粉を薄くまぶして、余分をはたき落とす。

❷　フライパンを火にかけてバター15gを溶かし、泡立ち始めたら皮下の面を下にして②を置く。色づいたら裏返し、たえずアロゼしながらこんがりと色よく焼き上げる。

>>> バターが汚れたらふき取って新しいバター15gを追加する。最初のバターには魚の臭みが出ているので必ず除く。

❸　火入れを確認して、取り出す。アルミ箔をかぶせて温かい場所に置く。

❹　鍋に残った油脂をふき取り、新しいバター10gを加えてエシャロットを炒める。透明になったらノワイー酒を加え、1/3量まで煮詰める。生クリームを加えて軽く煮詰め、シノワで漉してソース鍋に移す。

❺　火にかけて、クールジェットとカブ、ニンジン（それぞれくり抜き器で抜いてブランシールしたもの）を加え、温める。セルフイユ、レモン汁、塩、コショウを加え、バターで軽くモンテする。

❻　③のヒラメをオーブンで温めて皿に盛り、新ジャガイモのローストを添える。ソースを流す。

蝦夷鹿のコートレット、
ポワヴラードソース

Côtelettes de chevreuil d'Ezo poêlées, sauce poivrade

鹿の繊細な身質にバターの香りをまとわせて、しっとり焼く

鹿の赤身はビタミンB₂が豊富で、身質が繊細。強い火力で一気に焼くとポソポソになってしまうので、たえずバターでアロゼして、水分と油分を補いながらゆっくりと焼いていく。充分に休ませてふっくらと仕上げる。

[材料　4人分]
蝦夷鹿骨付きロース　チョップ8本
バター、塩、コショウ　各適量
ソース・ポワヴラード（→ p. 160）　120ml
根セロリのピュレ＊　120g
葉玉ネギのソテー＊　4個
カリンのカラメリゼ＊　2個
フルール・ド・セル　適量

根セロリのピュレ　つくりやすい量
根セロリ（皮をむいて薄切り）　600g
玉ネギ（薄切り）　150g
バター　40g
フォン・ド・ヴォライユ　250g
生クリーム　60ml
牛乳　80ml
バター　20g

① 根セロリと玉ネギをバターでスュエする。しんなりしたらフォン・ド・ヴォライユを加え、蓋をして蒸し煮する。火が入ったら取り出して裏漉しし、ピュレにする。
② ①、バター、生クリーム、牛乳を鍋にとって火にかけ、温めながら混ぜる。塩、コショウで味をととのえる。

葉玉ネギのソテー
葉玉ネギを縦に半割りにする。塩、コショウをふる。バターを溶かした鍋を火にかけ、切断面から焼き、色づいたら裏返す。きれいに色づいたら180℃のオーブンに入れる。

❶ 鹿肉の骨付き背肉を掃除して、「骨付きのノワゼット」に切り整える。

>>> 写真は生後1年前後の鹿で、1本120gのポーション。

❷ フライパンにバターを溶かし、泡立ちはじめたら①に塩をふって置く。たえずアロゼしながらゆっくりと焼く。片面が色づいたら裏返して同様に焼く（トータルの焼き時間の目安は5～6分間）。

>>> 強火で一気にポワレしようとすると、水分の少ない身質はすぐに固くなってしまう。バターの焦げない温度を保ってゆっくりと焼く。アロゼによってしっとり感も保たれる。

❸ 火入れを確認し、肉を取り出す。アルミ箔をかぶせて温かい場所に置いておく。

❹ 盛り付けの合図が入ったら、肉をオーブンで温め、皿に盛る。別に用意したソース・ポワヴラードを流す。ガルニテュール（根セロリのピュレ、葉玉ネギのソテー、カリンのカラメリゼ）を添える。肉の上にフルール・ド・セルをふる。

カリンのカラメリゼ　つくりやすい量
カリン　2個
グラニュー糖　30g
バター　適量
フォン・ド・ヴォライユ　200ml
黒コショウ（ミニョネット）　少量

① カリンを1／6のくし型に切る。
② グラニュー糖をまぶして、たっぷりのバターでカラメリゼする。フォン・ド・ヴォライユを数回に分けて加え、火を通す。
③ 仕上げに黒コショウを加える。

グリルパンで焼く

Griller à la poêle

あぶり焼きのグリエと、グリルパンを使ったグリエ

グリル（グリエ griller）は、直火の上に鉄の格子（＝グリル）を渡し、その上で食材をあぶり焼くことを言う。遠赤外線による加熱であり、本質は「串刺し肉のあぶり焼きロティール　rôtir à la broche」と一緒だ。ここでも、肉から滴り落ちる脂が炭火に触れ、煙が立ち上がって、肉にごく軽いスモーク香を与えてくれる。

あぶり焼きグリエをするにはグリヤード（焼き台）が必要だが、一般的なフランス料理のレストランでは何十年も前からグリルパン（表面にスジ状の溝が入った厚手のフライパン）で代用されている。伝導熱で焼くという意味では本来のグリエとは異なるが、目指すところは「グリエ風の焼き上がり」。①（油は最小限しか使わずに）熱の力で素材をシンプルに焼き上げ、②格子状の焦げ目をつけて香ばしさをきわだてる…ことが特徴だ。

グリルパン焼きのポイント

肉の両面を焼き、側面も順に焼き、ルポゼしてオーダー通りの焼き加減に仕上げる…という手順の基本の流れはポワレと共通しているが、グリルパン特有の使い方、そしてグリエらしく仕上げるためのポイントがある。

1 高温で焼く

まず、グリルパン自体をあらかじめカンカンに熱してから焼き始めること——肉を置いたらシューッと煙が立つほどに。そして焼く前に、（食材がくっつかないよう）グリルパンにも食材にも刷毛で油をぬっておく。

グリルパン焼きは、普通のポワレよりも火力は強いが、ただし肉が直接鉄に触れるのはストライプの部分だけで、スジとスジの合間は宙に浮いている。つまり肉の表面積の半分は休んでいる状態。そのぶん局所的にしっかりと熱量を伝える。

2 煙の効果

素材から溝に落ちた油は熱されて煙となり、あぶり焼き風のスモーク香をつけてくれる。意外と怠りがちなのが、グリルパンを使用するたびに溝まで完璧に洗うこと。前の食材の油脂が残っていると、つぎの使用時に食材に不要な香りがついてしまう。

3 肉の置き方——きれいな焦げ目をつける

熱いグリルパンに食材を置くと、ストライプの焦げ目がつく。焼き網で焼いたようなきれいなタテヨコの焦げ目にするなら、いったん置いてタテに焦げ目をつけ、次に90度回して置く。どちらも一度で決めて、置き直さないこと（焼き跡がずれるので）。

焦げ目をきれいにつけるのは、見た目だけの問題ではない。ナチュラルな焼き部分と焦げた部分との香ばしさ

や舌触りのコントラストがあってこそ、グリエらしいおいしさにつながる。

④ 焦げる＝炭化である、ということ。

きれいな焦げ目をつけることがグリルパン焼きのポイントだが、「香りのアクセント」という度を越えて焦げる（＝炭化する）と、肉は固くなり、内部に熱が伝わりにくくなる。分厚い肉を焼く（表面に焼き目をつけ、中心にはじっくりと熱を伝えて仕上げたい）場合は、途中からオーブンを使うなどの判断をする。

⑤ アロゼはしない

グリエにはアロゼというプロセスはない。表面の乾きを避けたい場合は、刷毛などで軽く油をぬるとよい。

ホタテ貝のグリエ

Coquilles Saint-Jacques grillées

焦げ目で旨みにアクセントをつける

ホタテはとくにグリエ向きの素材だ。コハク酸に由来する旨みと甘みが強いので、グリエによる焦げ目の香ばしさと苦みが絶妙のアクセントとなる。強火で手早く焼き、内部は半生に、ただし芯まできちんと温まった状態に仕上げる。

[材料　4人分]
ホタテ貝　8個
オリーブ油　適量
塩、コショウ　各適量
ライム汁　1個分
グラス・ド・ヴィヤンド　少量
バター　適量
アンディーヴのグラッセ*　1½個分
グリーンアスパラガス　20〜28本
ライムの皮の塩漬け　適量

アンディーヴのグラッセ

アンディーヴを長さ10cmの斜め切りにして、グラニュー糖を軽くまぶす。鍋にバターを溶かしてアンディーヴを入れ、表面が色づいたら弱火にしてじっくりと火を入れる。塩、コショウで味をととのえる。

❶　ホタテ貝を掃除し、貝柱をはずす。水気をふいておく。

❷　グリルパンを強火にかけ、オリーブ油をぬって充分に熱くする。

❸　ホタテ貝柱に塩をふってオリーブ油を軽くぬり、②に置く。焼き目がついたら90度向きを変えて置き直し、格子状の焼き目をつける。ひっくり返して反対面も同様に焼き目をつけながら、焼き上げる。

>>> 高熱のグリルパンに食材がくっつかないよう、グリルパンにも素材にもそれぞれオイルをぬってから焼き始める。

❹　ライム汁にグラス・ド・ヴィヤンドを少量加えて軽く煮つめ、塩、コショウで味をととのえる。バターでモンテしてソースとする。

❺　皿にアンディーヴのグラッセを敷き、ブランシールしたグリーンアスパラガスを並べる。③をのせてライムの皮の塩漬けを散らし、ソースを流す。

> キュイッソンのキーワード 3

ルポゼ faire reposer

焼いた肉を「休ませる」こと。

〈ルポゼの目的〉
・高温で焼いた直後なので、内部の肉汁を落ち着かせる。同時に余熱を伝える。

〈ルポゼのポイント〉
①　バットや網の上に移し、乾かないようアルミ箔などをかぶせて静かに置いておく。
②　置き場所はレンジの隅やレンジ上方など、「熱すぎない、温かい場所」で。
③　提供前に（必要なら）オーブンで短時間加熱して温め直す。

IV

ゆでる、蒸す、揚げる、スモークする

POCHER, CUIRE À LA VAPEUR, FRIRE, FUMER

ゆでる
Cuire dans l'eau ou dans le bouillon

液体の温度と調理目的
同じ「ゆでる」という行為でも、液体をどのように加温するかによって、調理の意味が異なってくる。フランス料理はそれぞれを別の調理法ととらえている。

沸騰した湯でゆでる──ブランシール blanchir
沸騰した湯（約100℃）でゆでる主たる目的は、次の2点だ。

❶ 肉、魚、野菜の表面をさっと固める（内部の水分はできるだけ逃さない）──素材の形を締める、アクを抜くなど、下処理としての調理。

❷ 葉野菜や青豆、グリーンアスパラガスなどを色鮮やかにゆであげる。

どちらも加熱のタイミングがもっとも大切で、ゆであげたら急冷して余熱が入らないようにする。

＊ブランシールの直訳は「白くする」。ここでいう下ゆでする、ゆがくのほか、「色づけないよう下揚げする」「卵を白くかきたてる」意味でも使われる。

水からゆでる
ポトフをつくるときのように、肉の旨みを液体に引き出したい場合は、水からゆでる。また、火通りに時間のかかる根菜も、水からゆでて、時間をかけて温度をあげていくほうが芯まできれいに火が入る。

沸騰手前の温度帯で静かにゆでる──ポシェ pocher
温度を75〜80℃に保った湯やブイヨンの中で食材を静かに加熱して、ふんわり火入れされた状態に仕上げるのがポシェという技法。甲殻類をクール・ブイヨンでゆでる、舌ビラメをフュメ・ド・ポワソンでゆでる、ポーチドエッグをつくる…等々の場合がそれにあたる。

ポシェの基本ポイント
1 液体を沸騰させない
もし沸騰した液体でゆでると、表面が先に固まって内部に火が通りにくくなり、そのうち表面がどんどん縮んでいく。魚であれば、ボコボコに沸いた湯のなかで身くずれもしやすくなる。沸騰する前の一定温度をつねに

保つことで、表面から芯まで均一に、おだやかに火入れすることができる。

2 温度帯を一定に保つ。
ポシェする液体の温度帯はおよそ75〜80℃前後で、素材によって多少の幅がある（殻付きのオマールなら90℃前後、白身魚の切り身なら75℃前後など）。いずれの場合も、食材を液体に入れた直後は温度が下がる

ので、最初は（食材の量にもよるが）5〜6℃ほど高めの温度でスタートする。ゆであげるまで、終始同じ温度帯で加熱する。

3 食材は常温にもどしておく
食材はポシェする前に、芯まで常温にもどしておく。冷蔵庫から出したばかりでは中心が温まるまでに余計な負荷がかかってしまう。繊細な火入れだからこそディテールが大切。

クール・ブイヨンとポシェ
甲殻類や魚のポシェにはクール・ブイヨンを使うことが多い。クール・ブイヨンとは水に香味野菜と香辛料、白ワイン、レモンを入れてさっと煮出した"魚介ポシェ用の軽い野菜ブイヨン"のこと。これでポシェすることで、魚介特有の生臭みが消えて、ただの湯を使うよりも香りよく、風味まろやかにゆで上がる。大きなキッチンでは、クール・ブイヨンを大鍋に用意してつぎつぎにポシェを行なう。魚介のだしが出たクール・ブイヨンを煮詰めてソースの一部に利用するという手法（魚の臭みが出てるものは使えないが）もある。

ポシェというと魚や甲殻類の料理、というイメージが強いかもしれないが、アラン・シャペル氏のスペシャリテに「牛フィレのポシェ」があった。アンヴェッシー（膀胱包み）という伝統料理のアレンジで、専用袋に牛フィレと香味野菜、肉のブイヨン、トリュフ汁を入れて口をしばり、そのまま湯煎。80℃前後、密閉下でポシェされた肉は、風味マイルドでしっとりとした仕上がりに。また、フォワグラをソーセージ型に整形してフォン・ド・カナールでポシェしたスペシャリテは、ふんわりしたフォワグラの食感とブイヨンの香り高さが印象的な一品だ。

ヒラメのポシェ・ナテュール

Filet de barbue pôché nature

クール・ブイヨンを使ったポシェの基本

ヒラメをポシェして、塩とレモン汁と白コショウだけでシンプルに味わう。新鮮で、品質の高い魚であれば、素材の個性がダイレクトに生きた一品になる。

[材料　4人分]
ヒラメ（約2.5kg大）　100gの切り身×4枚
クール・ブイヨン＊　適量
塩、コショウ　各適量
レモンのくし切り　4個
セルフイユ　適量

[クール・ブイヨンの材料A]
水　20L
ニンニク　1株（横に半割り）
白ワイン　1.2L
白ワインヴィネガー　400ml
ニンジン（薄切り）　1kg
玉ネギ（薄切り）　1.5kg
セロリ（薄切り）　400g
パセリの軸　5本
レモンのスライス　3個分
タイムの枝　7本
ローリエ　2枚
白粒コショウ（ミニョネット）　25g
粗塩　230g
オリーブ油　少量

[クール・ブイヨンの材料B]
水　1.5L
白ワイン　100ml
白ワインヴィネガー　30ml
ニンジン（薄切り）　80g
玉ネギ（薄切り）　120g
セロリ（薄切り）　30g
ニンニク（皮付き、叩く）　1かけ
レモン　3mm厚のスライス3枚
タイムの枝　1本
パセリの軸　1本
ローリエ　1／2枚
粗塩　18g
白粒コショウ（ミニョネット）　2g

❶　クール・ブイヨンをとる。レモン、タイム、オリーブ油以外のクール・ブイヨンの材料を火にかける。煮立ったら弱火にする。野菜に火が入ったらレモンとタイムを加えてさらに約10分間煮出す。仕上がり時にオリーブ油を少量加える。

>>> 上記および左の材料Aは、大量に仕込んでおく場合のレシピ。ホテルやバンケット用のキッチン向き。

>>> 仕込み置きせずにその場でとるなら、ゆでるに必要な量の水にスパイス少量とニンニク1かけを加えて沸かし、適量のくず野菜その他を加えて5〜6分間煮出せばよい（材料B・写真Ⓐ）。

>>> 野菜は多量を使う必要はない。直接的な甘みや香りは不要で、ほんのかすかな香りとまろやかさを感じる程度が適切。魚の臭み消しにレモンは欠かせないが、酸味が強いと魚の身がしまるので注意。オレンジや、ショウガ、シトロネルの茎、少量のキビ糖などを加えることもある。

❷　ヒラメを5枚におろし、皮を引く。ポーション（100gのエスカロップ）に切り分ける。ポシェする前に常温に戻しておく。

❸　クール・ブイヨンを火にかけ、75〜80℃になったら、②に塩、コショウをふってそっと入れるⒷ。温度をつねに75℃前後に保って火入れする（目安は約5〜6分間）。火の通りを確認して、引き上げるⒸ。

❹　キッチンペーパーにのせて水気を取り、皿に盛って白コショウをたっぷりと挽きかける。セルフイユとレモンを添える。

マダイの赤ワインポシェ、
ポワローのクリーム煮添え

Filet de daurade poché au vin rouge, poireaux à la crème

赤ワインの中でポシェする

しっかりと旨みをもった、天然の分厚いマダイなればこその調理。白身魚の身に、赤ワインの香りとかすかな渋みがしみこんで、風味がいっそう増す。別に用意した赤ワインソースを添えて。

[材料　4人分]
天然マダイの切り身　80g×4枚
赤ワイン　1.5L
イタリアンパセリの軸　2本
塩、コショウ　各適量
ポワローのクリーム煮＊
ソース・オ・ヴァン・ルージュ（→p.160）
　80ml

❶　マダイを三枚におろし、皮を引いて、ポーションに切り分ける。
❷　鍋に赤ワインとイタリアンパセリの軸を入れて火にかける。75〜80℃になったら（液面がふるふる揺れる状態）、塩をふったマダイを入れる A 。途中、いちど上下を返す。火が通ったら（約4分間が目安）網でそっと取り出し、キッチンペーパーにとる。
❸　マダイを皿の中央に置き、ポワローのクリーム煮を添える。魚にソース・オ・ヴァン・ルージュをかける。

ポワローのクリーム煮

ポワロー（1.5cmのダイヤ形に切る）　120g
生クリーム　30g
バター　30g
塩、コショウ　各適量

ポワローをブランシールする。バターを溶かした鍋に入れて温め、塩、コショウして生クリームを加え、軽く煮る。

マダイのポワレ-ポシェ

Filet de daurade pôelé-pôché

ポワレして皮目をカリッと焼いてから、ポシェする

皮付きの分厚い切り身をポワレして、皮下にある脂肪とゼラチン質を高熱で焼き切ってからバター入りの湯でポシェする。皮目の香ばしさを生かしながらも身はしっとり、ふっくらとした仕上がりに。

[材料　2人分]
天然マダイの切り身（皮付き）　70g×2枚
オリーブ油（ポワレ用）　大さじ1/2
バター（ポワレ用）　20g
水　約500ml
バター（ポシェ用）　25g
タイムの軸　2本
ソース・アロマティック（→p.161）
スナップエンドウ　3本
バター、塩、コショウ　各適量

❶ マダイを三枚におろし、皮付きのままポーションに切り分ける。
❷ フライパンにオリーブ油を引き、火にかける。①に塩をふって皮目を下に置き、ポワレする。皮下のゼラチンをしっかりと焼ききり、裏返す。バターを加えて軽くアロゼし、5割がたの火入れで取り出す A。
❸ 別鍋に湯を沸かし、バターとタイムを加える。温度を75℃前後に保った状態で②をポシェする B。
❹ ゆで上がりを確認して引き上げ、キッチンペーパーにとる。皿に盛り、スナップエンドウ（ブランシールしてバターで温め、塩、コショウしたもの）と軽く温めたソース・アロマティックを添える。

A

B

ラングスティーヌのナージュ、
サフラン風味

Langoustines à la nage, sauce beurre blanc safranée

クール・ブイヨンの中で甲殻類を「泳がせる」。

ポシェに繰り返し使うほど、クール・ブイヨンにはだしが出る。甲殻類と野菜の香りがほどよく一体になったクール・ブイヨンを煮詰め、サフランとバターを加えてリッチに風味をふくらませる。

[材料　4人分]
ラングスティーヌ　20尾
クール・ブイヨン（→p.100の材料Aで
仕込んだもの）　6L
ニンジン（薄切り）　1本
小玉ネギ（薄切り）　10個
セロリ（薄切り）　少量
ソラマメ　20粒
サフラン　少量
バター　40g
ライム汁　大さじ1
塩、コショウ　各適量

❶　ラングスティーヌを90℃前後でクール・ブイヨンのポシェする。引き上げて殻をむく。砂袋や背ワタを取り除く。

❷　ニンジン、小玉ネギ、セロリ、ソラマメを別々の鍋でブランシールする。ソラマメは引き上げて氷水にとり、水気を除いて薄皮をむく。

❸　ポシェに使ったクール・ブイヨン360mlを漉し、ソース鍋にとる。サフランを加えて軽く煮詰め、多めのバターでモンテする。ライム汁を加え、塩、コショウで味をととのえる。

❹　このソースにラングスティーヌと野菜を加えて温める。皿に盛る。

>>> 料理名の「ナージュ」は「泳ぐ」という意味。煮詰めたクール・ブイヨンや別に用意したブイヨンを土台としてスープにやや近いソースを仕立て、たっぷりと皿に流した魚介（とくに甲殻類）料理のこと。魚やエビが泳いでいるように見えるので。

ヒラメのクネル、ノワイーソース

Quenelles de poisson, sauce au Noilly

空気を抱きこんだ生地をそっとポシェして「ふんわり」と火を通す

魚のすり身でつくった生地をスプーンで紡錘型にとり、さざ波がたつ程度に沸いた湯にそっと落としてポシェする。生地の合わせ方、スプーンの使い方、温度管理などプロセスひとつひとつに細やかなテクニックがある。

[材料　4人分]
ヒラメのすり身　300g
生クリーム　200ml
卵白　1／2個分
塩、コショウ　各適量
フュメ・ド・ポワソン　約1L
ソース・オ・ノワイー ＊
根セロリのピュレ（→ p.88）
野菜のアリュメット ＊
セルフイユ

ソース・オ・ノワイー
エシャロット（みじん切り）　大さじ4
バター　適量
ノワイー酒　100ml
生クリーム　150ml
レモン汁　少量
塩、コショウ、各適量

① エシャロットをバターで炒め、透明になったらノワイー酒を加える。半分量まで煮詰め、生クリームを加えてさらに煮詰める。
② シノワで漉し、ソース鍋にとる。火にかけてレモン汁を加え、塩、コショウで味をとのえ、バターでモンテする。

野菜のアリュメット
赤パプリカ、ポワロー、クールジェットをマッチ棒状に細切りする。フォン・ド・ヴォライユでさっとブランシールして、水気をきる。

❶ ヒラメをおろしてフィレに取り、フード・プロセッサーにかけて裏漉しし、すり身にする。
>>> 今回は、ヒラメのすり身だけでふんわりと軽いムースをつくる。コシのある生地にしたければエビのすり身を加えるとプリプリ感が出る。ホタテを加えると甘みが出る。

❷ 氷水をあてたボウルにとり、ゴムべらで軽く練り混ぜる。生クリームの1／3量を加えて練り混ぜ、なじんだら卵白を加えてしっかりと混ぜる。いったん冷蔵庫に入れて（15〜20分間）生地を締めてから、1／3量の生クリームを加え混ぜる。再度冷蔵庫に入れて（15〜20分間）生地を締め、残りの生クリームを（生地のかたさをみながら量を調整して）加える A。塩、コショウを加えてよく混ぜる B。
>>> 生クリームは一度に加えず、3回に分けて加える。加えるたびにしっかりと空気を含ませながら混ぜ合わせ、冷やして締めることで、きめの細かいツヤのある生地になる。
>>> 最後の調味の際に、ライムの皮、パスティス酒などのアルコールなどを加えて風味づけすることもできる。ただし酸味が入ると生地がかたくなるので注意する。
>>> 生地を大量に仕込む場合は、魚のすり身をつくる際に卵白も一緒にフードプロセッサーにかけるとよい。

❸ 生地をスプーンで（ボウルの湾曲をすべらせながら）すくいとり C、2本のスプーンを使って紡錘形に整える D。
❹ 78℃前後に温度を保った湯の中にひとつずつそっと落とす E。
❺ 火が通るまで（約4分間）、つねに湯が沸かないように注意する。途中でいったんクネルを裏返す。火が通ったらひとつずつすくい出して、氷水に落とし F、余熱を切る。すぐに取り出して、布の上にあげる。
❻ 皿に根セロリのピュレ（p.88参照）を盛ってクネルをのせ、ソースをかける。野菜のアリュメットとセルフイユを飾る。

サヤインゲンのサラダ

Salade d'haricots verts

沸騰する塩入りの湯で、色鮮やかにゆでる

フレッシュの豆やアスパラガス、葉野菜すべてに通じる「野菜のブランシール」の基本形。ぐらぐらに沸かした湯に塩を加えてゆで、引き上げたら氷水に落として余熱を遮断する。

[材料]
サヤインゲン　200g
エシャロット（みじん切り）　40g
セルフイユの葉　4g
赤ワインヴィネガー　30ml
E.V. オリーブ油　90ml
塩、コショウ　各適量

❶　サヤインゲンのヘタとスジを掃除する。

❷　湯を沸かして塩を加え、沸騰した状態で、①を入れる[A]。

>>> 仕上がりの火の通し加減は、「表面がぷちんとはじけ、芯まですっと歯が通る」くらい。

❸　引き上げて氷水に落とす[B]。冷やしてすぐに引き上げてペーパータオルにとる[C]。

>>> 氷水で急冷して火入れを止め、鮮やかなグリーンと歯ごたえを保つ。浸けたままだと水っぽくなって香りもとぶのですぐに引き上げ、水気をふき取る。

❹　斜め切りして、半分の長さに切り揃える。

❺　ボウルに塩、コショウを入れ、赤ワインヴィネガーを加える。E.V.オリーブ油を少しずつ加えながら、泡立て器で撹拌する[D]。

❻　⑤に④のサヤインゲン、エシャロット、セルフイユを入れ、よく混ぜる[E]。皿に盛りつける。

>>> 野菜にオイルとヴィネガーをかけるのではなく、「ボウルの中で野菜と塩とソース・ヴィネグレットをしっかりとあえる」のが、フランス料理のサラダの技法。食べる直前に行なう。

蒸す（キュイール・ア・ラ・ヴァプール）

Cuire à la vapeur

素材の味、香り、形をそのまま生かす調理法

素材を直接液体に浸けずに、液体から発生する熱い水蒸気によって加熱する技法だ。蒸気で調理する方法の利点は、①対流する水蒸気によって素材にまんべんなく火を通すことができる、②油脂を使わない、③素材自身の香り、旨み、形をそこなわずに調理できる、ということ。食材としてはある程度繊維がやわらかく、香りのクセの強くないものが向く。素材自身の味や香りがそのまま仕上がりに直結するので、鮮度のよい、とくに上質な素材を使うことが前提だ。

キュイール・ア・ラ・ヴァプールのポイント

1 クール・ブイヨン的な液体を使う

沸かす液体は水でもよいが、そこに香味野菜やレモンやコショウを入れることが多い。蒸気を通して食材にも香りが伝わる。その場合、クール・ブイヨンをとるのと同じ要領で薄切りの野菜類を5分間ほど煮出してから食材を置き、蒸す調理に入る。そこにエストラゴンやヴェルヴェーヌなどの香草を入れたり、あるいは紅茶やハーブティーを使うなどすれば、ほんのりとではあるが、蒸しあがりの食材に香りをからませることができる。

2 食材を入れるのは、蒸気が上がってから

液体を強火で沸騰させ、充分に蒸気が上がってから主素材を蒸し器に入れる。スチームコンベクションオーブンを使う場合はしっかりと予熱しておくこと。中途半端な温度で加熱すると水分と一緒に旨みが逃げてしまう。素材を入れるといったん蒸し器内の温度が下がるが、しばらくして蒸気の勢いが再び上がったら少し火力を落とすなどして調整し、一定に保つ。

＊スチームコンベクションオーブンは蒸気の回り方が均一だが、レンジにかけた蒸し器の場合は差が出やすい。フランのように火力に繊細さが問われるものは、火口の上でときどき蒸し器の位置を変えて（方形の蒸し器は隅に火力が集中しやすい）、均等に火があたるようにするとよい。

3 蓋を開けず、一定温度で

キュイール・ア・ラ・ヴァプールでむずかしいのは、仕上がりの見きわめ。何度も蓋を開けたら温度が下がってしまう。何度か試作して、火入れに必要な時間を把握するしかない。最初に蓋をかぶせたら（食材によってはいちど上下をひっくり返す必要があるが、それ以外は）蓋を開けずに一気に蒸し上げるのが理想だ。

この調理法がもっとも注目されたのは70年代のこと。ポール・ボキューズ、アラン・シャペル、ミッシェル・ゲラールらヌーヴェル・キュイジーヌのグランシェフたちが中国を旅行した際、セイロを使った多彩な点心や料理に出会ったことがきっかけだと聞いている。フランスにも昔からポワソニエール poissonièreという魚専用の蒸し器はあるが、アジアの「蒸し文化」のパワフルぶりは比べものにならない。シェフたちはおおいに触発され、「キュイール・ア・ラ・ヴァプール」による料理がつぎつぎ登場して、ヌー

イセエビの海藻蒸し

Langouste d'ISE à la vapeur sur algues

クール・ブイヨンの蒸気で蒸す

海藻の上にイセエビのホウレン草包みを置き、クール・ブイヨンの蒸気で蒸す。香気で包み込むように加熱することで、ほんのりと香りをまとわせる。

[材料　4人分]
活けイセエビ（500g大）　2尾
ホウレン草の葉　適量
クール・ブイヨン
┌ 水　800ml
│ 白ワイン　200ml
│ ニンジン　40g
│ 玉ネギ　40g
│ セロリ　20g
│ レモン　1/6個
│ 白粒コショウ（ミニョネット）　小さじ1
│ タイムの枝　2本
└ ローリエ　1/2枚
ワカメ　ひとつかみ
1/3に煮詰めたバルサミコ酢　適量
ソース・オ・シャンパーニュ＊　60ml
塩、コショウ　各適量
食用花　適量

❶　イセエビの殻をむき、背ワタを除いて、40〜50gのポーションに切り分ける。ブランシールしたホウレン草で包む。
❷　クール・ブイヨンの材料を鍋に合わせ、約20分煮出す。
❸　②の鍋に穴あきの中敷きをセットし、ワカメを敷く。①に塩、コショウをふって並べ、蓋をして蒸す。約2分半後に蓋を開けてイセエビの上下を返し、さらに2分半〜3分間蒸す。
>>> スチームコンベクションオーブンで加熱する場合は、下段にクール・ブイヨンを張ったバットを置き、上にのせた穴あきプレートに海藻を敷いてイセエビを置く。
❹　煮詰めたバルサミコ酢を刷毛でぬった皿に③を盛り、温めたソース・オ・シャンパーニュを流す。食用花を散らす。

ソース・オ・シャンパーニュ　4人分

エシャロット（みじん切り）　1/2個
シャンパーニュ　300ml
バター（スュエ用、モンテ用）　適量
塩、コショウ　各適量

① エシャロットをバターでスュエする。
② シャンパーニュを加えて、1/4量になるまで煮詰める。
③ シノワで漉す。塩、コショウで調味し、バターでモンテする。

カナダ産オマールのロワイヤル

Royale de hommard du Canada aux truffes noires

フランス料理の古典的蒸し料理。

卵をフォンと牛乳、生クリームで割ったアパレイユを加熱して、茶碗蒸し風に仕上げた古典料理。生地に"す"が入らないよう88〜92℃を保って加熱し、なめらかに仕上げる。

[材料　10人分]
アパレイユ
- フォン・ド・オマール（→p.159）を半量まで煮詰めたもの　540ml
- 生クリーム　60ml
- 牛乳　100ml
- 卵　6個

オマール　2尾
コンソメ・ド・オマール　200ml
葛粉（水で溶く）　適量
塩、コショウ　各適量
オマールのクネル*　120g
ブロッコリ　適量
カシューナッツ　適量

❶　アパレイユの材料を合わせ、塩、コショウで味をととのえる。

❷　オマールの胴の殻と身の間に金串を刺し、90℃の湯で4〜5分間ポシェする。殻をむき、メダイヨンに切る。

❸　①をカップに70ml入れ、約13分間蒸す。

>>> スチームコンベクションオーブンを使う場合は蒸気100％、90℃の設定で7〜8分間。蒸し器を使う場合は、強火で蒸気を立ち上がってから③を入れ、蓋をして中火に落とす。

❹　コンソメ・ド・オマールを温め、塩、コショウで味をととのえる。水溶きの葛粉を加えて軽く煮る。

❺　温めた②のオマール、オマールのクネル、ゆでたブロッコリ、カシューナッツを③にのせ、④を表面に流し入れる。

オマールのクネル　仕上がり約300g
オマールのすり身　200g
コライユ（乾かしてフードプロセッサーで粉状にしたもの）　5g
卵白　1/2個分
生クリーム　70ml

（p.104の「クネル」の要領で）上記の材料を合わせ、ティースプーンで小さなクネル形にとり、ポシェする。

揚げる（フリール）

Frire

火の通りやすい素材を使う

フリール（揚げる）は、食材を動・植物性脂肪の中で加熱する調理方法。天ぷらのようなディープフライ（多量の油の中で食材を泳がせながら揚げる）スタイルと、フライパンにたっぷりと油脂を引いてなかばソテーするように火を入れるスタイルがある。いずれの場合も、火の通りやすい食材（繊維の強いものはマリネするなどして肉質をやわらかくしてから）を、よく水分をきってから調理する。

フリテュールのいろいろ

素揚げする、小麦粉やスターチをまぶして揚げる（表面の香ばしさを強調する）、パン粉揚げにする、小麦粉ベースの生地をころもにして揚げるなど、さまざまなフリテュール（揚げもの）がある。また粉ではなく、香草や野菜をころも代わりに素材にまぶして風味の多様さを狙うこともできる。ベニェのようなころも揚げでは、表面のころもの水分が抜けて揚がっていく間、素材はその内部でゆっくりと加熱される。ふんわりと火の入った素材とカリッと揚がったころもとの対比がポイントだ。

フリールのポイント

1 ディープフライの場合は、油量たっぷりで。

一度に揚げる素材の量が多いほど、油温は不安定になる。揚げ油は厚手の深鍋にたっぷりとはる。

2 油温を充分に上げてから

まずは揚げ油を熱し、素材や目的に応じた温度（150〜180℃）になってから素材を入れる。基本はやや低めから揚げ始めて、最終的に高め温度でカリッと仕上げること。最初から温度が高いと表面がどんどん色づいて、芯に火が入らないうちに焦げてしまう。とくにころも揚げの場合は、ころもが先に焦げないようにする。

3 油の泡を見て、音を聞く

適正温度の油で素材を揚げると、素材から水分が抜けるにつれて、最初は大きかった泡立ちがだんだん小さくなる。泡立ちの音も小さくなったら、揚げ上がりのサイン。油をよく見て、音を聞いて判断する。

4 よく油を切る

油から引き上げたら、よく油を切る。素材を積み重ねずに網またはキッチンペーパーにとること。当たり前のことだが、おいしさにとっての重要なポイント。

日本人は、揚げものが好きだ。なによりカリッとした香ばしさがとても好まれる。メインの料理にせずとも、フリテュールはつけ合わせとしてじつに効果的だ。ピーラーを使って極薄に切ったゴボウや、根セロリのジュリエンヌの素揚げは肉料理にも魚料理にも合い、適度に料理のコクをアップするとともに、カリカリ感で料理に「表情」を与えてくれる。

キビナゴと
セロリとパセリのフリット

Friture de KIBINAGO, feuilles de céleri et de persil

アミューズ向きの小魚のフリット

小魚に小麦粉をまぶし、からりと揚げる。キビナゴのほか、ワカサギ、カタクチイワシなどでもおいしい。大量に揚げる場合は、二度揚げすると作業しやすく、仕上がりも確か。

[材料　4人分]
キビナゴ　20尾
イタリアンパセリの葉　20g
セロリの葉　20g
揚げ油（ナタネ油）　適量
塩　適量
レモンのくし形切り　1/2個分
強力粉　適量

❶　キビナゴの水気をよくぬぐう。強力粉をまぶし、余分な粉をはたき落とす A。

❷　180℃のたっぷりの揚げ油で揚げる。こんがりと色づけて引き上げ B、キッチンペーパーにとり、塩をふる。
>>> 二度揚げする場合は、最初にやや低め（175℃）の油温で揚げ、魚の水分が抜けたら（泡が小さくなる）。色づかないうちに引き上げる。これを提供直前に180℃の油でからっと揚げ直す。

❸　イタリアンパセリの葉、セロリの葉を、180℃の油でそれぞれ揚げる。キッチンペーパーにとり、軽く塩をふる。

❹　②と③を皿に盛り合わせ、レモンを添える。

ラングスティーヌのポワロー巻き揚げ、実山椒添え

Langoustines en poireaux frites, graines de SANSHO

野菜をころも代わりにして、揚げる

ラングスティーヌが直接油に触れないよう、ポワローの白い部分をタテヨコに巻いて揚げる。ポワローはあらかじめブランシールしておき、香ばしく揚がった時点でエビにもちょうど火が入っているようにする。

[材料　4人分]
ラングスティーヌ　8尾
トリュフ（みじん切り）　大さじ4
ポワローの白い部分　1/2本
揚げ油（ナタネ油）　適量
ソース・ブール・ブラン（→p.72）　120ml
野菜のアリュメット＊
実ザンショウ　適量
木の芽　適量

❶　ラングスティーヌの殻をむき、太さが一定になるよう身の両端を切り落とし、（加熱時に身がそらないよう）腹に軽く切り込みを入れ、背ワタを除く。端肉は叩いてすり身にする。

❷　ポワローの白い部分（長さ18cm）を1枚ずつはがしてゆで、水気をきる。

❸　①の身に塩、コショウをふり、腹にトリュフをまぶす。ひとつずつ②の上におき、両サイドを折り込んで巻き、端に①のすり身をぬって留める。冷蔵庫に30分間入れて休ませる。

❹　フライパンにナタネ油を入れて熱し、接着面を下にして③を入れ、最初に約2分間、裏返してさらに約2分間揚げる（油の泡が小さくなり、ポワローが色づくタイミングで取り出す）。

>>> 油はひたひたに浸かる程度の量でよい。油温は170～180℃。

❺　皿にソース・ブール・ブランを流し、④を置く。野菜のアリュメットをこんもりと盛り、実ザンショウと木の芽を添える。

野菜のアリュメット

赤パプリカ（細切り）　30g
根セロリ（細切り）　30g
ポワロー（細切り）　30g
オリーブ油　適量
ブイヨン・ド・レギューム　適量
塩、コショウ　各適量

3種の野菜をオリーブ油でソテーする。しんなりしたら少量のブイヨン・ド・レギュームを加え、塩、コショウで調味する。

カワハギのポワロー揚げ、白ゴマ風味

Friture de KAWAHAGI en robe de poireaux aux sésames

ポワローをパン粉がわりにして、揚げる

ポワローを揚げたときの凝縮した甘み、ほのかな苦み、香ばしさを生かした料理。ポワローを小さく切り揃えたものをパン粉がわりにカワハギにまぶし、揚げる。香ばしい粒々のガルニテュール（生ハムとエシャロットのみじん切りの炒め）も取り合わせ、歯ざわりと香りを強調した。

[材料　4人分]
カワハギ（300g 大）　4尾
マスタード　大さじ1
小麦粉　適量
卵　1個
ポワロー　1／4本
揚げ油（ナタネ油）　適量
バイヨンヌ産ハム（みじん切り）
　　大さじ2　30g
トリュフ（みじん切り）　30g
バター　20g
エシャロット（みじん切り）　100g
ジュ・ド・トリュフ　30ml
白ゴマ　15g
バター　10g
アンチョビバター＊　40g
タイムの枝　適量
塩、コショウ　各適量

アンチョビバター 仕上がり約560g
バター　1ポンド（約450g）
アンチョビのフィレ　110g
レモン汁　15ml
コショウ　適量

① バターをボウルに入れ、ポマード状にやわらかくする。
② その1／6程度量をアンチョビのフィレとともにミキサーにかける。これをボウルに戻して、混ぜ合わせる。裏漉しする。
③ レモン汁とコショウを加える。

❶ カワハギを三枚におろし、皮を引く。

❷ ポワローは青と白の境目の部分をカットして使う。一枚ずつはがし、2mm角に切り揃える。

❸ カワハギのフィレに塩、コショウをふり、マスタードを少量ぬる。小麦粉、卵、②の順にまぶして、180℃の油で揚げる。引き上げて油をきる。

>>> この場合の揚げ時間の目安は3分間〜3分半。魚の火入れとポワローのほどよい色づきとのタイミングを合わせるには魚の厚さがポイントで、それを考慮して300g 大のカワハギのフィレを使っている。

❹ バイヨンヌ産ハムとトリュフをバター10g で炒め、塩、コショウで味をととのえる。

❺ エシャロットをバター10g でスュエし、蓋をして少し煮る。ジュ・ド・トリュフを加え、水分がなくなるまでさらに煮て、塩、コショウで味をととのえる。炒った白ゴマを加え合わせる。

❻ カワハギを皿に盛り、その上に④をこんもりと盛る。周囲に⑤をふんだんに散らす。ポマード状にしたアンチョビバターを小さなクネルにして添え、タイムの枝を飾る。

>>> アンチョビをバターに練りこんだアンチョビバターは魚のグリエやポワレにはもちろん、フリテュールとも相性抜群。香ばしさを引き立ててくれる。

マトウダイのグジョネット

Goujonnettes de filets de Saint-Pierre aux champignons

白身魚のフライ＋クリームソースとキノコのソテー

グジョネットとは、グージョン（ワカサギのような細長い淡水魚）に似せた切り方のことで、とくに"細長く切った白身魚のフライ"を指す。フランスでは舌ビラメのグジョネットがポピュラーで、タルタルソースを添えるのが定番。ここではマトウダイのグジョネットをレストラン風の一品に仕立てる。

[材料　4人分]
マトウダイ（頭付き1.5kg大）　1尾
小麦粉　適量
揚げ油（ナタネ油）
エシャロット（みじん切り）　大さじ1
白粒コショウ（ミニョネット）　少量
ノワイー酒　60ml
フュメ・ド・ポワソン　100ml
生クリーム　100ml
ライム汁　適量
シメジタケ　60g
シイタケ　60g
ムースロン茸　60g
バター　30g
塩、コショウ　各適量
シブレット（みじん切り）　適量

❶　マトウダイを掃除してフィレにし、細長く切り分ける。塩、コショウして小麦粉をまぶし、余分な粉を落とす。180℃の油で揚げる。

>>> ちなみに一般的なグジョネットは、（イギリスの）フィッシュフライのスタイル。魚の切り身を卵生地（全卵1個、オリーブ油と水各大さじ1を混ぜる）にくぐらせ、パン粉をつけて揚げたもの。

❷　エシャロット、ミニョネット、ノワイー酒、フュメ・ド・ポワソンを鍋に合わせて煮詰める、生クリームを加えて軽く煮詰め、シノワで漉す。塩、コショウ、ライム汁を加えて味をととのえる。

❸　シメジタケは傘だけを切り、シイタケは5mm厚さにスライスする。ムースロン茸は傘の部分を取って掃除する。塩、コショウしてバターでソテーする。

❹　①のグジョネットを皿に盛り、②のソースをかける。キノコのソテーを添え、シブレットを散らす。

スモークする（フュメ）

Fumer

スモーク＝燻製

燻製とは、煙でいぶすことで食品を乾燥させる技法だ。そもそもは食品の保存が目的。煙はそれ自体に殺菌効果があり、脂肪の酸化を抑える効果もある。さらに、煙に含まれる諸成分が付着することで独特の風味が生まれる。レストランにおける燻製は、この風味効果を狙ってのことが多い。

レストランにおけるスモーク

レストランで行なうのは、多彩なスモーク技術のうちのごく一部だ。一般には次の2タイプだと思う。

❶ 冷燻…食材のたんぱく質が熱で固まらないよう低温（15～30℃）、かつ少量の煙を長時間あてて素材を乾燥させる方法。スモークサーモンがその好例。

❷ 瞬間燻製…熱源を使って高温の煙を起こし、ごく短時間素材をいぶす方法。システムとしては「熱燻」にあたる。ごく短時間であればスモークによる乾燥効果はほとんどなく（表面にごくわずか）、「煙による風味づけ」の意味が大きい。温度と時間を調整して、素材への加熱とスモークの両方を目的に行なうケースもある。

冷燻の基本プロセス

❶ 塩漬け：素材に粗塩をまぶしてマリネする、またはソミュール（塩水）に浸ける。

❷ 塩抜き：水洗い後、適当な塩分濃度になるまで流水にさらす。

❸ 脱水：脱水シートに挟む、または風干しするなど。

❹ 燻製：燻製器の底のバットに氷を敷き詰め、スモークチップを入れたボウルを置く。点火して煙を起こす。上方に素材を吊るす、またはセットした網に置いて蓋をし、必要時間スモークする。

瞬間燻製の基本プロセス

❶ 素材の下処理、調理など：塩をする。料理目的に応じてマリネ、加熱調理するなど。

❷ 深さのある鍋にスモークチップを入れて火にかける。チップにバーナーで点火する。（チップから離して）中仕切りの網を置き、素材をのせる。ボウルをかぶせて密閉し、必要時間スモークする。

瞬間燻製のポイント＝スモークしすぎない

ほどよいスモーク香は食欲をそそるだけでなく、食材自身の個性を引き出し、強調しておいしさを高めてくれる。大切なのは程合いで、多少でも過剰になると香りが鼻につき、ひどいときはヤニ臭さを感じる。あくまでも軽く、かすかに香らせることがポイント。

私がよく行なうのは、ホタテ、アワビ、アカザエビをあらかじめ軽く火入れして、仕上げにごく軽く瞬間燻製するという方法。かすかなスモーク香が甲殻類の甘みをきわだててくれるのだ。燻材にはスモークチップを使うことが多いが、スモークウッドを使う人もいる。焼いた香草や麦ワラに火をつけ、その香りをまとわせながらいぶすこともできる。

カンパチの自家製スモーク

Filet de KAMPACHI fumé à la maison

オーソドックスな魚の燻製

脂ののった2kg大のカンパチのフィレを燻製にする。サーモンやブリなどにも使える基本の冷燻の方法で。

[材料]
カンパチ（約2kg大）　1尾
粗塩　魚の重量の6％量
桜のスモークチップ　150g

野菜のマリネ（マリナードの材料）
リンゴ酢　320ml
水　450ml
白ワイン　80ml
グラニュー糖　200g
ローリエ　1/2枚
タイムの枝　2本
赤トウガラシ　1.5本
コリアンダーシード　1.5g
ショウガ（薄切り）
① 材料を合わせて15分間煮立てる。常温に冷まし、漉す。
② マリネ：好みの野菜を切り整え、火入れが必要なものはブランシールする。新玉ネギはグリルする。根菜類は提供1時間前、青み野菜は30分前に①に浸ける。

バルサミックソース
それぞれ1/3量に煮詰めたバルサミコ酢と赤ポルト酒を合わせたもの。

マスタードソース
ソース・マヨネーズにカレー粉少量とソース・ヴィネグレット適量を合わせたもの。

ハーブソルト
バジル、エストラゴン、セージ、イタリアンパセリを乾燥させ、細かく挽いて塩と合わせたもの。

❶ カンパチを五枚おろしにする。皮を引く。

❷ バットに粗塩をしき、フィレ4枚を並べてその表面にも粗塩をまぶす。よくすり込む。ラップ紙をかけて冷蔵庫に入れ、8時間マリネする。

❸ 取り出して、流水で1時間洗う。脱水シートで包んで冷蔵庫に入れ、最低8時間置くA。

❹ 燻製器に氷を入れたバットを入れ、スモークチップを入れたボウルをのせるB。スモークチップに点火して煙を立たせ、網の上にカンパチを並べる（p.121の写真）。蓋をして、2〜3時間燻製にかける。

>>> 五枚おろしにしたカンパチは、上身と下身でかなり厚みが異なるので、下身の2枚は約2時間を目安にして、早めに取り出す。上身は約3時間燻製する。

❺ 取り出す。真空パック用のフィルムに入れ、オリーブ油を加えてパックして冷蔵庫で休ませる。約2日間置く。

>>> 燻製を終えたばかりでも食べられるが、時間をおくことでスモーク香のトゲトゲしさがなくなり、しっとりとなじんでおいしくなる。真空パックした状態なら4〜5日間は冷蔵庫で保存できる。

❻ 取り出して油をふき取り、スモークしたフィレを薄く切り分ける。皿に盛り、野菜のマリネ、バルサミックソース、マスタードソース、ハーブソルトを添える。

123

ピジョン・ラミエの軽いフュメ

Pigeon ramier légèrement fumé, petit ragoût de navets de Sakurajima

ポワレの仕上げに、軽いスモークで香りづけする

フランス産の野鳥、ピジョン・ラミエ（モリバト）は家禽の鳩よりも赤身が強く、味も濃い目。ポワレした後にさっとスモークすることで肉の野生味がきわだち、味わいの複雑味が深まる。

[材料　4人分]
ピジョン・ラミエ　4羽
ピーナッツ油　適量
キャトルエピス　少量
塩、コショウ　各少量
桜のスモークチップ　20g
ジュ・ド・ピジョン・ラミエ（→ p. 157）
240ml
ソース・ヴィネグレット　20ml
（ディジョン産マスタード、赤ワインヴィネガー、クルミ油を1：1：3で合わせたもの）
肝ペースト
- ピジョン・ラミエの肝　40g
- フォワグラ（生）　40g
- ディジョン産マスタード　10g
- コニャック　少量
食パン（2.5×2.5×7cm）トースト　4枚
タイムの枝（飾り用）　4本

❶　ピジョン・ラミエを半身に切る。表面と内側それぞれに塩、キャトルエピスをふる。ピーナッツ油でポワレする。皮から焼き始め、きれいに色づいたら裏返す。レア～ミディアムレアの焼き加減で取り出し、アルミ箔をかぶせて温かい場所に置いておく。

❷　ジュ・ド・ピジョン・ラミエを1／3量まで煮詰め、ソース・ヴィネグレットを加え混ぜ、塩、コショウで味をととのえる。

❸　ピジョン・ラミエの肝とフォワグラを合わせて裏漉しする。マスタードとコニャックを加え混ぜて肝ペーストとする。カットした食パンを軽くトーストしたものに、肝ペーストをピラミッド状にぬりつける。提供直前にオーブンで1～2分間温める。

❹　フライパンにスモークチップを敷いて点火し、網を置いて、①を並べる。ボウルをかぶせて2～3分間スモークをかける。

>>> このように「香りづけ」としてスモークをかける場合、スモーク香が勝ちすぎないように注意する。

❺　皿にホウレン草のソテーを敷き、④を盛って、コショウを挽きかける。桜島ダイコンのユズ風味、カブのグラッセを添え、ソースを流す。タイムを飾る。

ホウレン草のソテー

ホウレン草（80g）と自家製ベーコンの棒切り（60g）を、適量のバターでソテーする。

桜島ダイコンのユズ風味

桜島ダイコンの薄切り（直径8cm・厚さ2mm）　12枚
無塩バター　30g
塩、コショウ　各適量

ポルト酒（白）　50ml
フォン・ド・ヴォライユ　100ml
ユズの皮（細切り）　1／4個分
タイムの枝　1本

①　鍋にバターを溶かし、桜島ダイコンを加えてからめる。ユズ皮以外の材料をすべて加え、ゆっくりと煮る。

②　煮上げたダイコン1枚ごとにユズ皮を挟んで二つ折りにする。

カブのグラッセ

カブ　4個
グラニュー糖　24g
バター　適量
フォン・ド・ヴォライユ　600ml

①　カブにグラニュー糖をまぶし、バターで炒めてきれいに色づける。

②　これにフォン・ド・ヴォライユを何回かに分けて加えながらゆっくりと煮る。

キュイッソンのキーワード 4

デグラッセ déglacer

食材をロティールやポワレして鍋から取り出した後、ソースをつくるために「その鍋にワインや水などの液体を少量加え、鍋肌にこびり付いたエキスを煮溶かす」こと。焼いた肉の旨みと香りが溶けたこの汁が、ソースのベースになる。

〈デグラッセのポイント〉

① デグラッセする前に、鍋に残った油脂や汚れは取り除く。布やペーパーでふき取るだけで不充分なら、軽く火にかけて油をとばす。
② 液体（水、ワイン、ヴィネガーなど）を加えたら、鍋にこびり付いたエキスを木ベラでこすって溶かす。エキスは焦がさないこと。
③ 完全に溶け、かつ軽く沸かしてから、次の液体（フォンなど）を加えてソースを仕上げていく。

V

煮込む

"RAGOÛT", "FRICASSÉE"

ラグー
"Ragoût"

複数の素材から、ひとつの深い旨みをつくる

ラグーは時間をかけてじっくりと肉を煮込んだ料理。フランス各地にその土地伝統のラグーがあり、ドーブ doube など、呼び方もいろいろある。調理手法として蒸し煮にするからということで、料理名にブレゼ braisé を使う場合もある。ラグーにすると、繊維の強いかたい肉もやわらかく食べることができる。赤身が8割で脂が2割ほどのっている肉ならより上等なラグーになる。ただし、ラグーの本質は「複数の素材を煮込むことで、ひとつの深い旨みをつくる」ことにある。肉、野菜、ワインそれぞれの個性が溶け合い、お互いを引き出しあっていなければならない。

ラグーの基本プロセス

① 肉の表面を焼いて固める（リソレ）。香味野菜もきれいに色づける。鍋に合わせる。
② 小麦粉をふりかけて（煮汁にとろみをつけるため）軽く炒めて粉気を抜く。
③ 赤ワイン、フォン類を加え、蓋をして弱火で煮込む。肉に火が入り、やわらかくなるまで。
④ 煮汁を漉す。人数分の肉と煮汁を鍋に取り、バターモンテや調味をして仕上げる。

ラグーのポイント

1 **各ポーションを揃える。**
肉は塊の大きさを揃え、赤身と脂肪のバランスがほぼ同じになるように切り分ける。

2 **ワインは煮込みに耐えるものを**
ボディのしっかりした色が濃いワインを選ぶ。いったん沸騰させてアルコールをとばしてから煮込む。

3 **煮汁がつねに肉にかぶっていること**
鍋に蓋をして煮込む（オーブンで、またはレンジ上で）と、煮詰まりを防げる。煮汁の量はつねに肉がかぶる程度の量であること。肉が液面から顔を出していると乾いてしまう（ただし、仕上げに蓋をはずして液面をあえて焼くという手法もある）。

4 **大量に仕込んでこそ**
味わい融合に「深み」を生み出すためには、ある程度の「量」が必要。次ページのルセットには便宜上4人分の分量を掲載しているが、実際には一度に20〜30人分を仕込んでいる。大量仕込んでこそおいしい。

フリカッセ

"Fricassée"

白身肉や魚介を使ったクリーム煮

フリカッセはラグーの一種で、煮込みの最後に生クリームを加えて仕上げた料理を指す。白身の肉、甲殻類、魚などクセの強くない素材を用い、軽く煮込んで、生クリームのまろやかさな味わいで包み込むように仕上げる。

フリカッセの基本プロセス

❶ 主素材の表面を、鍋で色づけずに焼き固める。必要なら香味野菜も加えて炒める。

❷ 白ワインを加えてデグラッセし、フォンやフュメ類を加える。アクを除いて煮る（素材に応じて10〜15分間）。

❸ 仕上げ方にはふたつのパターンがある。

　　◎生クリームを加え、軽く煮込んで味をととのえて仕上げとする。主素材もソース（煮汁）も同時の仕上がり。

　　◎素味を取り出す。煮汁は味が出るまで煮詰め、生クリーム（とバター）を加えてソースとして仕上げる。

フリカッセのポイント

［1］ あまり色づけない

素材を煮る前にリソレする際、できるだけ色づけないこと。香味野菜も同様。白いクリームと一体感のある色合いに仕上げるため。

［2］ 必要以上に煮ない

素材にちょうど火が入るところまで煮込んで火を止める。必要以上に煮込んでかたくしないように。また、その時間内で香味野菜から充分に味が出ている必要がある。

［3］ クリームの味を引き締める意識

生クリームのまろやかな味わいは、食べ進むうちに口飽きにつながりやすい。私はほぼ必ず、煮込みの最後にレモン汁を加えてている。酸味のキレと香りによって後味がさわやかな印象になる。

古典料理、ブランケット blanquette

「白いフリカッセ」と呼ばれる料理がある。ブランケット──ブラン（blanc　白）という言葉に示されるよう、素材を色づけずに白く仕上げた煮込みだ。仔牛や鶏などの白身肉を使うのが定番。昔のブランケットは、白身の肉をフォンで煮込む前に何らかの形で小麦粉を加え、さらに仕上げに卵黄、生クリームを加えて煮汁をつないでいたが、現代ではフォンで煮込んで生クリームだけで仕上げるスタイルが一般的だ。私も、生クリームだけで仕上げるか、または卵黄を生クリームでのばしたものを加えるか、のどちらかの方法をとっている。

仔牛ほほ肉のブレゼ

Joue de veau braisée

繊維の強い素材を、時間をかけて煮込む。

典型的なラグー料理のひとつ。スジが多くゼラチン質に富んだほほ肉を、かぶるほどの液体の中でやわらかくなるまで煮る。肉と煮汁が一体となったおいしさに仕上げるには、鍋の大きさ、液体の量とのバランスが重要なポイントに。

[材料 8人分]

仔牛のほほ肉 8個
薄力粉（打ち粉用） 適量
オリーブ油（リソレ用） 適量
ニンニク（みじん切り） 1／5株分
玉ネギ（みじん切り） 200g
赤ワイン 1L
フォン・ド・ブフ（→p.136、または汎用
　　的なフォン・ブラン） 1L
フォン・ド・ヴォー 200ml
ブーケ・ガルニ 1本
トマト（半割り、種抜き） 大6個
トマトペースト 大さじ1
バター（モンテ用） 20g
粒マスタード 大さじ2
塩、コショウ 各適量
根セロリのピュレ（→p.88）

❶ 仔牛ほほ肉に塩をふり、薄力粉をまぶす。オリーブ油で両面をきれいに焼き固める A。

❷ 広口の大鍋にオリーブ油を引き、ニンニクを炒める。香りが出たら玉ネギを加え、しんなりするまで炒める（色づけないように）。その上に①を並べる B。

❸ 赤ワイン（事前に火にかけてアルコールをとばしたもの）を加え、フォン・ド・ブフ、フォン・ド・ヴォーを加える。強火で沸かして、アクを除く C。

>>> 鍋は「肉を重ねずに並べて、ほぼ一杯になる」サイズで、液体を注いだ際に肉がちょうど隠れる量になるのが適正。液体が足りないと肉が煮込めず、多すぎてもコクが足りない仕上がりになる。

❹ アクを除いたら中火にして、ブーケ・ガルニ、トマト、トマトペーストを加え、いったん沸かす。蓋をして、180℃のオーブンに入れる D。1時間～1時間半（肉の大きさ、状態に応じて）煮込む。

>>> 煮込み中も、適宜アクと余分な脂を除く。アクを残しておくと、肉に再吸収され味に影響してしまう。

❺ 肉が煮上がったらオーブンから取り出す E。

>>> この後、ひと晩置いておくと味がさらになじむ。

❻ 肉を煮汁から取り出し、必要に応じて形を切り整える。

>>> 2～3個ずつ少量の煮汁とともに真空パック用のフィルム（2枚重ね）に入れてシーリングし、冷蔵または冷凍しておいてもよい。オーダーごとに湯煎して使える。

❼ 煮汁を軽く煮詰め、シノワで漉す。粒マスタードを加えてバターでモンテし、塩、コショウで味をととのえる。

❽ 肉を⑦の中で温める F。皿に根セロリのピュレを盛って肉をのせ、ソースを流す。

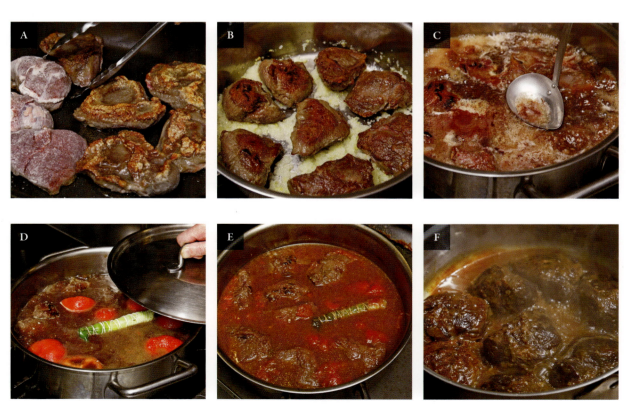

若鶏のフリカッセ、野菜入り

Fricassée de poulet aux petits légumes

素材本来のジューシー感を生かした、軽い煮込み

小麦粉を使わない軽いタイプのフリカッセ。若鶏は長く煮込まず、本来のジューシー感を残して仕上ている。
煮汁はさらりとした口当たり。野菜は別に煮て、煮汁（ソース）の中で取り合わせる。

[材料　3人分]
若鶏　1羽
バター　30g
エシャロット（みじん切り）　大さじ1
ニンジン（薄切り）　60g
玉ネギ（薄切り）　80g
ポワロー（白い部分・薄切り）　40g
白ワイン　120ml
フォン・ド・ヴォライユ　500ml
ブーケ・ガルニ　1本
生クリーム　180ml
バター（モンテ用）　20g
ガルニテュール
　┌小玉ネギ　12個
　│姫ニンジン（皮をむく）　6個
　│クールジェット　1／2本
　│フォン・ド・ヴォライユ　200ml
　└バター　30g
レモン汁　少量
塩、コショウ　各適量
ニンジンの葉　少量

❶　鶏1羽の両ももをはずし、骨付きのまま付け根と脚先に切り分ける。胸を三つに切り分ける。

❷　鍋を火にかけてバター15gを溶かし、泡立ち始めたら、塩、コショウした①を、皮を下にして入れる。色づけないように弱火で表面を焼き固めて取り出す。

❸　汚れたバターをふき取り、新しいバター15gを加える。エシャロット、ニンジン、玉ネギ、ポワローを加えて炒め、しんなりしたら白ワインを加え、煮立ててアルコール分をとばす。鶏をもどし、フォン・ド・ヴォライユとブーケ・ガルニを加える。いったん沸かしてアクを引き、弱火にして煮る。

❹　鶏に火が入ったことを確認して取り出し、アルミ箔をかぶせて温かいところに置いておく。

❺　煮汁を半量になるまで煮詰め、シノワで漉す。ソース鍋にとって火にかけ、生クリームを加えて軽く煮る。塩、コショウ、レモン汁で味をととのえる。バターで軽くモンテする。

>>> 煮汁にシノワに通す際は、スプーンを使って野菜から充分に煮汁を押し出す。「軽い煮込み」とはいえ香味野菜のおいしさを煮汁にしっかりと引き出すことが大切。

❻　仕上がり用の野菜は別に用意しておく（小玉ネギ、姫ニンジン、切り整えたクールジェットに塩、コショウをふって、バターを加えたフォン・ド・ヴォライユでゆでる）。

❼　⑤のソースの鍋に、④と⑥を加えて温める。皿に盛り、ニンジンの葉を散らす。

オマールのフリカッセ、
セルフイユ風味

Fricassée de homard au cérfeuil

"ソース・アメリケーヌのフリカッセ仕様"

殻付きオマールをトマトとともにフォン・ド・オマールで煮た、"ソース・アメリケーヌ"テイストのフリカッセ。
半割りのオマールは、軽く焼いて色づけてから煮る。このときの香ばしさが旨みにコクとキレをつける。

[材料　4人分]
オマール（500g大）　4尾
クール・ブイヨン（→p.98）　適量
オリーブ油　30ml
バター　20g
コニャック　20ml
セルフイユ　茎10本
完熟トマト　1個
トマト・ピューレ　小さじ1
フォン・ド・オマール（→p.159）　80ml
生クリーム　200ml
レモン汁　少量
バター（モンテ用）　20g
塩、コショウ　各適量
セルフイユの葉（飾り用）

バターライス
米　100g
バター　適量
フォン・ド・ヴォライユ　140ml
赤パプリカ（極小角切り）　大1／4個分
緑パプリカ（極小角切り）　大1／4個分
黄パプリカ（極小角切り）　大1／4個分

① 米をバターで炒めて塩、コショウし、フォン・ド・ヴォライユを注いで炊く。
② ブランシールした三色のパプリカを混ぜ合わせ、フラン型に入れる。

❶ オマールの頭とハサミをはずす。尾部をタテに半割りにして砂袋と背ワタを除く。コライユは取りおく。

❷ ハサミをクール・ブイヨンでポシェし、殻から身を取り出しておく。

>>> 殻は必ず熱いうちにはずす（冷めると軟骨が貼りついて取りにくくなる）。はずした殻は水洗いしてオーブンで乾かし、フォン（次回分）を取るのに使用する。

❸ オマールの身に軽く塩をふる。鍋にオリーブ油とバターを入れて熱し、オマールの切断面を下にして入れ、強火で焼いて香ばしさを引き出す。殻の縁の色が変わりはじめたら裏返し、殻を下にする。軽く炒めて余分な油を除き、コニャックを加えてフランベし、トマト・ピューレとフォン・ド・オマール（あらかじめ混ぜておく）とトマトを加えて煮る。

>>> フォン・ド・オマールの用意がなければフュメ・ド・コキヤージュで代用してもよい。その場合、ソースの仕上げ時にオマールバター（またはエビバター p.161）でモンテするとコクを補える。

❹ オマールにほぼ火が入ったらハサミを加え、さっと温める。

❺ オマールを取り出す。尾部は身を殻からはずす。

❻ 煮汁にセルフイユの茎を加えて煮詰める。生クリームと溶き合わせたコライユを加え、シノワで漉す。ソース鍋にとり、オマールの身とハサミをもどして温め、塩、コショウ、少量のレモン汁で味をととのえる。バターでモンテする。

❼ 皿にバターライスを盛り、オマールを盛ってセルフイユの葉を散らす。ソースを流す。

仔牛のブランケット、ゴボウ添え

Blanquette de veau aux salsifis

白く仕上げるため、リソレで色づけない

ブランケットとは"白く仕上げたフリカッセ"のこと。いわばホワイトシチューで、白身肉——仔牛や鶏、豚肉を使うのが定番だ。この皿は、ベシャメルや小麦粉は使わずに白いフォンと生クリームで煮て、さらりと仕上げるスタイル。仕上げのレモン汁でクリーム味を引き締める。

[材料 4人分]
仔牛のもも肉または肩肉　700g
エシャロット（薄切り）　60g
玉ネギ（薄切り）　120g
セロリ（薄切り）　20g
シャンピニオンのくず　60g
バター（リソレ用）　15g
フォン・ド・ブフ＊（または汎用的なフォ
　ン・ブラン）　600ml
ブーケ・ガルニ　1本
生クリーム　200ml
西洋ゴボウ（厚さ4mmの斜め切り）　100g
シャンピニオン（カルチェ切り）　8個
バター（モンテ用）　10g
レモン汁　少量
イタリアンパセリ
塩、コショウ

フォン・ド・ブフ仕上がり約3L
牛のスジ、くず肉　1.5kg
玉ネギ（粗切り）　150g
ニンジン（粗切り）　150g
セロリ（粗切り）　70g
ポワロー（粗切り）　1/2本分
ニンニク（皮付き）　2かけ
ピーナッツ油、バター　各適量
水　6L
ブーケ・ガルニ　1束

① 牛のスジ、くず肉をピーナッツ油で色づけ、ザルにあける。同じフライパンにバターを引き、ミルポワをソテーする。
② 大鍋に肉、ミルポワ、水を合わせて沸かし、アクを除く。ブーケ・ガルニを加えて弱火で3時間煮る。シノワで漉す。再度火にかけてアクを除き、素早く冷ます。

❶ 仔牛肉を掃除し、1個60〜70gのポーションに切り分ける。塩をふる。

❷ 鍋にバターを溶かし、①を入れて表面を（色づけないように）焼き固め、取り出す。

>>> ブランケットは「白い仕上がり」がポイントなので、色づけないようにとくに注意する。

❸ その鍋にエシャロット、玉ネギ、セロリ、シャンピニオンのくずを加えて炒める。しんなりして香りが出てきたら肉をもどす。フォン・ド・ブフを注ぎ入れ、ブーケ・ガルニを加え、強火にして沸かす。アクを除いてから弱火にして煮込む。

❹ 肉がやわらかく煮えたら（約1時間半が目安）、生クリームを加える。軽く煮て火を止める。肉を取り出し、煮汁をシノワで漉す。このとき、スプーンを使って香味野菜から煮汁をしっかりと押し出す。

❺ ソースに仔牛肉をもどし、西洋ゴボウ（ゆでておく）とシャンピニオンを加えて温める。塩、コショウ、少量のレモン汁で味をととのえ、バターでモンテする。皿に盛り、イタリアンパセリを飾る。

> キュイッソンのキーワード 5

バターモンテ monter au beurre

ソースの仕上げにバターを加え、手早く混ぜて濃度をつけること。

〈バターモンテの目的〉
① ソースにふっくらとしてなめらかな舌触りとリッチな風味を与える。
② ソースをツヤよく仕上げる。

〈バターモンテのポイント〉
① 「熱いソースに冷たいバターを加える」。ソースは熱い状態で、ただしバターが分離しないよう火は止めておく。加えるバターは「固形・冷たい」ことが必須。
② バターを加えたら、鍋を揺すってソースを回しながら、バターを溶けこませていく。回転によって空気を含みながらバターがソースとひとつになり、だんだんとソースがツヤよくふっくらとしてくる。

> キュイッソンのキーワード 6

ノワゼット・バター beurre au noisette

肉や魚を、バターの香りを含ませながら焼きたい場合は、熱したバターがぷちぷちと泡だち、ノワゼット（ハシバミの実）のような香ばしさを発してから焼き始め、終始この香りで包み込むように焼いていく。アロゼするバターも、つねにノワゼット状だ。

この本をつくるにあたり、フランスで修業した70年代、帰国してシェフになった80年代のレシピをふり返って気づくのは、当時のバターの使用量が今に比べてかなり多いことだ。とくにヌーヴェル・キュイジーヌは、それまでの小麦粉を多用していたソースから「素材自身のジュとバターで仕上げるソース」へと変わった時代である。そもそもフランスの食文化にバターは切り離せない。調理用の油脂もバターが基本。修業当時の個人的印象ではオリーブ油のほうが高価であり、バターは高品質なうえに安価で、いくらでも使っていた。現代では使用量はぐっと減ったが、それでもフランス料理の根幹に「バターの香り」があることは変わらないと思う。私自身、料理やメニューを構成するときはつねに、現代的な嗜好や軽さの中にバターの香りをいかに効果的に生かすかを考えている。

VI

その他の調理法

AUTRES TYPES DE CUISSON

ムニエル

"À la meunière"

「粉屋風」＝小麦粉を使う

魚に小麦粉をまぶし、バターでゆっくりと焼いた料理。ムニエルとは「粉屋」という意味で、粉をまぶすことが第一の条件。魚の表面に薄い粉の層をつくって焼くことで旨みの流出が防がれ、バターの泡も魚にのりやすくなり、焼き上がりの香ばしさがきわだつ。また、油脂を補いながらゆっくりと加熱することで、魚の身が締まることなくふんわりと仕上がる。

バターの泡（ムース）を絶やさずに焼く

バターの旨みは、その固形分である乳しょう（プティ・レ）に含まれている。バターを熱すると、水分をはじきながら乳しょうがプチプチと泡だち、ハシバミ（ノワゼット）のような食欲をそそる香りがたってくる。この泡（ムース）をつねに絶やさぬように焼く。魚の香ばしさとバターの旨みがひとつになるところに、ムニエルのおいしさがある。それはバター以外の油脂では表現できないもの。ムニエルにおいて、バターは加熱の媒介であり、風味の核でもある。

ムニエルの基本プロセス

❶ 掃除して、水気をしっかりとぬぐった魚に塩、コショウをふり、小麦粉を薄く均等にまぶしつける。

❷ 保熱力の高い鍋や陶皿にバターを入れて火にかけ、泡立って香りが出てきたら主素材を置く。バターの泡立ちを保ちながら焼く。

❸ 表面が色づいたらアロゼを始める。終始アロゼして、火が入ったら取り出す。

ムニエルのポイント

1 バターを焦がさない

バターの乳しょうは120℃以上で色づき始める。「おいしそうな色づきで、焦げてはいない」火加減を保ち、泡立ちをできるだけ長く維持しながら焼く。

2 焦げたらふき取り、新しいバターできれいな泡をつくる

熱し続ければバターは焦げて黒ずんでいく。汚れたらふき取り、新しいバターを加えてきれいな泡立ちをつくる。とくに最初のバターには、魚の水分と臭みが溶けだしているのできれいにふき取る。

3 アロゼは素材の表面が色づいてから

アロゼはすでに焼き色のついた面に行なう。アロゼには旨みを補い、乾燥を防ぎ、ツヤをつけるという意味があるが、それは色づいた「脂の膜」の上に行なってこそ効果がある。

グラティネ、グラッセ

Gratiner, Faire glacer

グラティネ：表面にきれいな膜をつける

グラティネは料理の表面を薄く焦がし、こんがりとした焼き色をつけること。そうして仕上げた料理がグラタンだ。すでにおいしい料理やソースに、焦げ味の旨みや香ばしさや舌触りをつけてプラスアルファ以上の効果を与える——調理全体からみれば部分的な技法だが、フランス料理らしい洗練された技法だと思う。

焦がすためにはそのための媒体が必要で、チーズや卵黄を何らかの形で加えることが多い。グラタン・ドフィノワーズは、ジャガイモのクリーム煮におろしチーズをふりかけてグラティネした料理。ベシャメルにおろしチーズを加えたソース・モルネーは、グラタン料理のアパレイユ（混合生地）としてポピュラーだ。私がよくするのは、魚介料理のソース（それぞれの料理に応じてフォンやジュから仕立てる）の仕上げに、卵黄ベースのつなぎ（卵黄と水をかきたてて澄ましバターを加えたもの）を加えるという手法。つなぎによってソースの舌触りがふんわりとし、皿に流してグラティネするとツヤのあるきれいな焼き色がつく。

　◎ベシャメルやソース・モルネーに具材を混ぜ、器に流して焼く場合：レシピは同じでも、アパレイユが温かい冷たいか、１人分の皿なのか大皿なのかで必要な加熱パワーは変わる。表面がきれいに色づいたときに芯までアツアツになっているよう、適切な機器（オーブン／サラマンダー）を選び、焼き時間を設定する。
　◎ソースの仕上げに、卵黄ベースのつなぎを加える場合：卵黄のコクが前に出すぎないように。ベースになるソースはしっかりと煮詰めて凝縮感を出しておく。

グラッセ：野菜をツヤよく煮上げる

グラッセには「凍らせる」という意味もあるが、ここで言うのは「ツヤよく煮る」こと。野菜をバター（＋ごく少量の砂糖、少量のブイヨンなど）とともにゆっくりと加熱して、やわらかく、ツヤよく煮上げる。ニンジンのグラッセ、小玉ネギのグラッセなどは、フランス料理のガルニテュールの基本中の基本だ。

　◎グラッセの狙いは、じっくりと時間をかけて根菜自身の「甘み」を引き出すこと。少量の砂糖を加える場合もあるが、それは甘みをつけるためではなくツヤだしを助けるため。
　◎鍋に加える液体は最小限にして（紙蓋をして蒸発を防ぎながら）、野菜から引き出した風味ごと煮含める。
　◎小玉ネギやダイコンやカブのような糖分の高い根菜は、より時間をかけて黄金色になるまでグラッセすることが多い。食欲をそそる濃い香りと深い旨みに仕上がる。

イトヨリのムニエル

ITOYORI des îles de Goto à la meunière

バターのムース（泡）を絶やさぬように焼いていく

バターの泡立ちを終始キープして焼く。バターのムース（泡）が消えないよう、焦がさないよう注意し、温度を調整しながら焼いていく。ここでは鍋の代わりに耐熱陶器を使っている。火のあたりがやわらかく、そのまま客前にサービスできるのもメリットだ。

[材料　4人分]
五島産イトヨリ（500g大）　2尾
薄力粉　適量
オリーブ油　300ml
バター　約100g
豚ばら肉（1cm角・長さ3cmのバトン）
　120g
レモン汁　1個分
塩、コショウ　各適量

❶　イトヨリのウロコ、内臓、ヒレを掃除する。尾ビレは残しておく。表面に塩をふり、腹の中やエラ蓋の下に塩、コショウをすりこんでしっかりと下味をつける。表面に薄力粉をまぶし、余分な粉を払い落とす🄐。

>>> 粉が厚くついた箇所はその部分だけ焦げてしまう。時間をおくと魚の水分が出てべたついてしまうので、必ず焼く直前にまぶす。

❷　魚2尾がおさまる楕円形の耐熱容器に、オリーブ油とバター30gを入れて火にかける。バターが泡立ちはじめたらイトヨリを置く🄑。

>>> バターで焼き始めると焦げやすいので、最初はオイルも使う。イトヨリは腹よりも背のほうが身厚なので、皿の中心部（＝火のあたりが強い）を背側にして置く。

❸　つねにバターが泡立って魚の表面を覆っているよう、火加減を調整する🄒。最初のバターのムース（泡）が消えたらふき取り、新たに適量のバターを足してムースにする。

>>> 最初のバターは魚の水分を吸っているので必ず乾いた布巾でふき取る。その後もムースが消えて汚れてきたらふき取って少量ずつバターを足す。しだいに耐熱陶器（や鍋）の縁が焦げがつくので、それもふき取る🄓。

❹　表面にこんがりと焼き色がついたら（約4〜5分間後）、魚を裏返す。ムースをスプーンですくってアロゼしながら、バターの旨みと香りを含ませていく。

>>> アロゼは「すでに焼き色のついた面」に対して行なう🄔。随時、新たにバターを加えてムースをつくり、アロゼしていく。

❺　裏面もきれいに色づいたら豚ばら肉（ブランシールしたもの）を加え🄕、軽く色づけながら、豚肉から出た脂もアロゼする。最後に新しいバターを加えてムースをアロゼし、塩、コショウ、レモン汁で味をととのえる。

舌ビラメのグラタン仕立て、エストラゴン風味

Rouleaux de filets de sole gratinés à l'estragon

「味のベース＋卵黄＋泡立てた生クリーム」のソースで。

ベシャメルもオランデーズも使わない、ふんわりと軽い舌触りのグラタン。魚介風味のシンプルなベースに「卵黄＋軽く立てた生クリーム」を合わせ、低めの温度で火を入れてソースとする。コシが落ちないうちにポシェした舌ビラメにかけ、サラマンダーでさっと焼き色をつける。

[材料　4人分]
舌ビラメ（200g 大）　3尾
白ワイン　250ml
フュメ・ド・コキヤージュ（→p.159）250ml
エストラゴン　適量
生クリーム　200ml
卵黄　3個分
レモン汁　1／2個分
エクルヴィス　18尾
エクルヴィスバター（→p.161）　30g
白ワイン　適量
エストラゴン
塩、コショウ

❶　舌ビラメの皮を引いて五枚におろし、塩をふる。フィレ1枚ごとに皮面を内側にして頭から巻き、身に小さな切り込みを入れて、尾先を差し込む。

❷　鍋に白ワインとフュメ・ド・コキヤージュを合わせ、エストラゴンをちぎって加え、火にかける。75〜80℃で①を入れ、75℃前後を保ってポシェする。完全に火が通る一歩手前で引き上げる。アルミ箔をかぶせて温かい場所に置く。

❸　卵黄をときほぐし、生クリーム50ml を混ぜる。

❹　②のゆで汁を漉して、1／4量まで煮詰める。生クリーム100ml を加え、混ぜながら軽く煮て火を止める。50℃程度に冷めてから③を加え混ぜる。シノワで漉し、塩、コショウ、レモン汁を加えて味をととのえる。

❺　鍋にエクルヴィスバターを溶かし、エクルヴィス（頭と殻をはずしておく）を強火でさっとソテーする。そこに白ワインを加え、アルコールをとばして火を止める。④を加え、さらに生クリーム50ml を7分立てにしたものを加えて、混ぜ合わせる。

❻　ポシェした舌ビラメを、渦巻きを上に向けて皿に盛り、ちぎったエストラゴンを散らす。表面全体に⑤を流す。サラマンダーで焼き色をつける。

足赤えびとマカロニのグラタン

Gratin de crevettes et macaroni aux champignons

ベシャメルを使ったオーソドックスなグラタン

つくり方の手順はごくベーシックだが、ムラなくきれいに焼くためには、グラタン皿に流し入れるアパレイユ自体の温度、凸凹なく平らに流す、皿の縁をきれいにぬぐうなど、ディテールに注意点がある。

[材料　2人分]
足赤エビ（15g大）　8尾
エビバター*　20g
コニャック　適量
玉ネギ（粗みじん切り）　60g
シャンピニョン（薄切り）　6個
フォン・ド・オマール（→p.159）　100ml
ソース・ベシャメル*　120g
生クリーム　80ml
グリュイエルチーズ（削る）　40g
マカロニ（ゆでる）　70g
塩、コショウ　各適量
イタリアンパセリ（みじん切り）　適量

エビバター
赤足エビの頭や殻を使った合わせバター。エクルヴィスバター（→p.161）と同じ要領でつくる。

ソース・ベシャメル仕上がり
約300ml
バター　35g
薄力粉　35g
牛乳　400ml
ローリエ　1/2枚
クローヴ　1本
塩、コショウ　各適量

① 薄力粉をバターで炒め、粉気を抜く。鍋を氷水にあて粗熱を取る。
② 泡立て器で混ぜながら牛乳を加える。火にかけてローリエとクローヴを加える（終始混ぜる）。
③ 沸騰したら弱火にし、木べらで混ぜながらしばらく煮る。塩、コショウで味をととのえる。漉す。

❶ エビの頭をとり、背ワタを取り除く。
❷ 鍋を熱してエビバターを入れ、塩をふった①を強火で手早くソテーする。コニャックでフランベする。エビがまだ半生のときに玉ネギとシャンピニョンを加え、香りが出たらフォン・ド・オマールとソース・ベシャメルを加え、混ぜながら軽く煮る。
❸ 生クリームとグリュイエルチーズを加えてよく混ぜ、塩、コショウで味をととのえる。ゆでたマカロニを加える。
❹ 1人用のグラタン皿に流し入れる（高さに偏りなく、表面が平らになるように）。サラマンダーで2～3分間焼いてきれいに色づけ、イタリアンパセリを散らす。

>>> アパレイユが冷たい状態から焼く場合、あるいは多量のアパレイユを大きなグラタン皿に流して焼く場合は、210～220℃のオーブンに入れて焼く。

小玉ネギのグラッセ
Petits oignons glacés

時間をかけてカラメリゼし、旨みを凝縮

小玉ネギにキビ糖をまぶして時間をかけて加熱。玉ネギ自身の甘みを引き出しながらじっくりとカラメリゼして、最後にはツヤのある（グラッセ）状態に仕上げる。メイラード反応で生まれた旨みが玉ネギの甘み、風味とあいまって、食欲を刺激する。カブ、フヌイユ、ゴボウなど多くの根菜に応用できる。

[材料　6人分]
小玉ネギ　30個
キビ糖　20g
バター　50g
ベーコン　80g
シャンピニオン　20g
フォン・ド・ヴォライユ　150ml
塩、コショウ　各適量
イタリアンパセリ（細切り）　適量

❶　小玉ネギに塩をふり、キビ糖をまぶす。
❷　鍋にバターを溶かし、①を加えて鍋を揺すりながら炒める。
❸　バターとキビ糖が溶けてカラメル状になり始めたらA、ベーコンとシャンピニオンを加えてバターを足す。塩をふる。
>>> ベーコンを使わず小玉ネギ単独で調理してもよい。肉にも魚にも合う、おいしいガルニテュールになる。
❹　小玉ネギから水分が出るので、全体になじませるようにそのまま炒める。それぞれが色づいたところでフォン・ド・ヴォライユの一部を加えて煮るB。
❺　途中、フォンを足しながら、弱火で約25分間煮込む。仕上げにイタリアンパセリをふる。

パイ包み焼き
Feuilletée

フイユージュで素材を包み、焼く

フイユタージュ（feuilletage 折り込みパイ生地、パート・フイユテ pâte feuilletée のこと）を焼いてつくったパイ料理のことをフイユテと呼ぶ。小さなパイを料理に添えたり、生地を器にかぶせて焼くなどのスタイルもあるが、パイ包み焼き──フイユタージュで直接素材を包んで焼く──はとりわけ華やかで、洗練度の高い料理だ。香ばしい薄い層がいくえにも重なったパイはバターと小麦粉によるおいしさの極致だが、されにそれを肉や魚の味と香り、ソースの旨みとともに楽しむという贅沢さ。生地に閉じ込められた素材の香りが一気に開く。テクニック的にも、フランス料理においてもっとも技巧度の高い料理ではないかと思う。

生地と素材のキュイッソンのバランス

そのむずかしさは、生地と中に入れる素材の火入れ加減のバランスにある。フイユタージュがパリッと香ばしく焼き上がった時に、肉なり魚なりの具材も希望通りの焼き加減に仕上がっていなければならない。フイユタージュはその厚さに応じて焼成時間がほぼ決まるので、そこから逆算してメイン素材のボリューム、厚み、準備のしかた（事前にある程度火入れするか、など）を判断する。そこからフィードバックして、生地の厚みを若干調整することもある。

焼成温度と時間を考える

フイユタージュは200℃以上の高温でないと、しっかりと生地が上がらない。包む素材が火の通りの早いものであれば、200℃で焼いてよいと思う。が、たとえば牛肉の塊であったら、肉に火が通るまでにフイユタージュが焦げるおそれがある。だとしたら、包む前に肉をリソレして途中まで火入れしておく、あるいは、200℃でスタートして生地がしっかり上がったら温度を少し下げ、肉にじっくりと火を入れる、という方法をとる。

オーブンのクセを知ること

パイ包み焼きは、切ってみないと中の仕上がりはわからない。とりわけ経験がものを言う料理だ。レシピがあっても、使用するオーブンによって結果は異なるので、何度も試作して自分で把握するしかない。使用するオーブンの「クセ」を把握して、料理の経験を蓄積することで、どのように焼くかの「見当」がつくようになる。

フイユタージュのこと

この本では、2品のパイ包み焼きを紹介しているが、フイユタージュは異なるレシピのものを使っている。

◎フイユタージュＡ（レシピｐ162）：製菓にも使われる、標準的なパート・フイユテ。生地の上がりがより軽い。

◎フイユタージュＢ（レシピｐ162）：折り込みに使うバターにも小麦粉を合わせている（やわらかくしたバターに薄力粉を混ぜ、再度冷やす）。折り込むときに扱いやすく、失敗が少ない。

パート・ブリゼのこと

パイ包み焼きは、フイユタージュ（パート・フイユテ）を使う場合のほか、パート・ブリゼ pâte brisée を使う場合もある。バターを折り込んだフイユタージュは生地が層になってふわりと軽く焼きあがるのが醍醐味だが、バターを生地に直接練りこんでつくるパート・ブリゼはしっかりと安定感があるのがメリットだ。重い具材をのせることができ、冷めてもきれいにカット可能。タルトやパイに多用でき、なにより生地づくり自体にも失敗が少ない。パテ・アンクルート（パテのパイ包み焼き）は代表的な料理例だ。

牛肉とモリーユ茸のパイ包み焼き

Filet de bœuf aux morilles en croûte

「生地を焼く温度」と「中の肉を焼く温度」を、意識する

牛フィレの塊をフイユタージュで包んで焼く。生地は200℃以上で一気に焼かないと層がしっかりと上がらないが、肉のほうは低めの温度でゆっくりと火入れしたい。そこで焼成を二段階に分け、まずは生地がよい状態になるまで高温で焼き、いったん休ませてから、低めの温度に入れ直して焼き上げる。

[材料]

フイユタージュ B（→ p.162）　600〜800g
鹿児島黒牛のフィレ肉（掃除後の芯の部分）　600g
バター　40g
オリーブ油（またはナタネ油）15ml
塩、黒コショウ　各適量
ファルス
- モリーユ茸（粗切り）　80g
- エシャロット（みじん切り）　50g
- バター　15g
- 白ワイン　30ml
- 塩、コショウ　各適量

ムース
- 牛肉の細ミンチ　80g
- フォワグラ（裏漉しする）　80g
- 生クリーム　60ml
- 卵白　1／2個分
- ジュ・ド・トリュフ　30ml
- マデーラ酒　30ml
- 塩、コショウ　各適量

シャンピニオン・デュクセル
- シャンピニオン　10個
- バター　20g
- 塩、コショウ　各適量

ぬり卵
- 全卵　1個
- 卵黄　1個分
- 水　大さじ1

澄ましバター　適量
ソース・マデール（→ p.160）
根セロリのピュレ *
クレソン　適量
サヤインゲンのサラダ（→ p.106）

根セロリのピュレ

根セロリをレモン汁と小麦粉入りの湯でゆで、裏漉しする。鍋にとって火にかけ、水分がとぶまで混ぜながら加熱する。適量のバターを少しずつ加え、生クリームを加えて濃度を調整する。塩、コショウで味をととのえる。

❶　フイユタージュ（B）を用意する。

❷　ファルスを用意する。エシャロットとモリーユ茸をバターで炒める。香りが出てきたら白ワインを加え、水分をとばす。塩、コショウで味をととのえる。

❸　ムースを用意する。フォワグラと牛ミンチを、氷水をあてたボウルに入れ、木べらでよくかき混ぜながら卵白、生クリームを加える。マデーラ酒、ジュ・ド・トリュフを加えてさらに混ぜ、塩、コショウをする。

❹　シャンピニオンデュクセルを用意する。シャンピニオンをバターでスュエし、水分を抜く。塩、コショウする。

❺　牛フィレ肉の断面中心部に錐で穴を開け、ファルスを詰める。

❻　⑤の全面に塩をふり、バターとオリーブ油でリソレする。表面を均等に色づけ、取り出して黒コショウをまんべんなくふる。常温に冷ます。

❼　ぬり卵を用意する。全卵、卵黄、水を混ぜ合わせてシノワに通す。

❽　フイユタージュを2枚のばす。1枚は生地を3.5mm厚にのばしてタテ25cm×ヨコ20cmにカットし、別の1枚は4mm厚にのばして同サイズにカットする。3.5mm厚の生地の上に⑥をのせ、4mm厚の生地をかぶせる。2枚の縁を合わせ、上面に⑦を刷毛で3度ぬりする。冷蔵庫で30分間休ませる。

>>> 卵をぬった部分がツヤツヤの焼き上がりになる。ぬるのは生地の表面だけで、側面（断面）にはぬらないこと。生地の層がマスクされて、焼成したときに生地が上がりにくくなる。

❾　冷蔵庫から取り出し、常温にもどしてから210℃のオーブンで15分間焼く。いったん取り出して休ませたのち、再度180℃のオーブンで18〜20分間焼く。

❿　表面に澄ましバターをぬり、切り分けて皿に盛る。根セロリのピュレとクレソンを添え、ソース・マデールを流す。別皿に盛ったサヤインゲンのサラダを添える。

ショーソン・ドラード

Chausson de daurade aux épinards et tomate à la Provençale

マダイとホウレン草とトマトのパイ包み焼き。

アラン・シャペル氏での修業時代に習い覚えた「鳩とフォワグラのショーソン」を魚にアレンジした一品。「生地の厚さ、具の量と状態、焼成温度と時間」のバランスは、長年つくり続けてきた経験から得たものだ。

[材料　10人分]
フイユタージュ A（→ p.162）　約1kg
天然マダイ（1尾2kg前後）　20gの切
　り身10枚
ムース・ド・ポワソン　250g
（つくりやすい量）
┌ 魚のすり身　1kg
│ 卵白　2個分
│ 生クリーム　約400ml
│ 塩　10g
└ コショウ　適量
ソース・トマト・ア・ラ・プロヴァンサル
（→ p.161）　30g
ホウレン草（ブランシールしたもの）　適量
全卵　1個
卵黄　1個分
イタリアンパセリの葉　適量
ソース・ブール・ダンショワ
┌ エシャロット（薄切り）　60g
│ フュメ・ド・ポワソン　400ml
│ 生クリーム　100ml
│ アンチョビバター（→ p.116）　120g
│ バター　50g
│ レモン汁　少量
│ 塩、コショウ　各適量
└ シブレット　適量
ソース・ヴェルト（→ p.161）
プチトマトのコンフィ（→ p.86）　15個

❶　フイユタージュ（A）を用意して厚さ2mmにのばし、16cm×21cm大の楕円にカットする（10枚）。

❷　ムース・ド・ポワソンを用意する。魚のすり身と卵白を合わせてミキサーにかける。氷水をあてたボウルに入れ、生クリームの1／3量を加えてよく混ぜ合わせる。いったん休ませ、同様に生クリームの1／3量を加え…と、さらに2回繰り返す。3回目は生地のかたさをみながらクリームの量を加減し、塩、コショウを加えて、練り混ぜる。

❸　皮を引いたマダイのフィレを1個20gのポーションに切り分ける。塩、コショウして②のムースを表面全体にぬりつける。冷蔵庫に30分間入れて締める。

❹　ホウレン草の葉（1枚ずつ天板に広げ、スチームにかけて加熱したもの）4枚を、それぞれの端を重ねて十字にする。中心部に③をのせ、その上にソース・トマト・ア・ラ・プロヴァンサルをぬる。葉で包み込む。

❺　全卵、卵黄、大さじ1杯の水を混ぜ、シノワに通す。

❻　楕円に切り整えたフイユタージュの片側中央に④をのせ、生地をかぶせて、空気を抜きながら縁を合わせる。縁にペティナイフで飾りの切り目を入れる[A]。表面に刷毛を使って⑤をぬる[B]。イタリアンパセリを飾る。

❼　210〜215℃のオーブンで12〜13分間焼く。

❽　ソースをつくる。エシャロットをバターでスュエし、フュメ・ド・ポワソンを加えて煮詰める。生クリームを加え、ブール・ダンショワとバターでモンテする。シノワで漉し、塩、コショウ、レモン汁で味をととのえる。シブレットを加える。

❾　焼き上げた⑦を皿に盛り、⑧のソースを流す。奥にソース・ヴェルトを流し、プチトマトのコンフィをのせる。

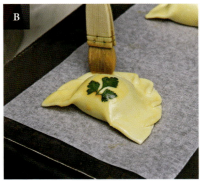

基本のだし、ソース類

肉系のだし

フォン・ド・ヴォライユ   *fond de volaille*
［鶏のフォン］

材料（仕上がり約10L）
鶏ガラ　5kg
鶏首つる　2.5kg
玉ネギ　500g
ニンジン　500g
セロリ　200g
水　15L
ブーケ・ガルニ　1束
粗塩　少量
ナタネ油　少量

❶　鶏のガラをぶつ切りに、首つるを5cm幅に切る。玉ネギとニンジンは横半分に、セロリは1本を3等分に切る。うち玉ネギ1個分を切り口を下にして、ナタネ油を引いた天板にのせ、240～250℃のオーブンで焼き、焦がす。

❷　寸胴鍋に①を入れ、水を加えて強火にかける。沸いたらアクを引き、弱火にして、②、ブーケ・ガルニ、粗塩を加え、3時間煮出す。

❸　火を止めてシノワで漉す。再度火にかけ、表面に浮いてくるアクや脂を取り除く。目の細かいシノワで漉す。

フォン・ブラン   *fond blanc*
［汎用的な薄いだし］

材料（仕上がり約3L）
鶏ガラ、牛や仔牛のスジ、くず肉　1kg
玉ネギ（厚さ5mmの薄切り）　100g
ニンジン（厚さ5mmの薄切り）　100g
セロリ（厚さ5mmの薄切り）　50g
ブーケ・ガルニ　1束
水　6L

❶　材料を鍋に入れて沸かし、アクを除く。弱火にして3～4時間煮出す。

❷　シノワで漉す。

＊これは、日常出るくず肉やくず野菜を集めて水で煮出しておく"2番だし"的な薄いフォン。他のフォンをとる際の煮出し用、フォン・ド・ヴォライユが足りないときの補足などに幅広く使う。

フォン・ド・ピジョン   *fond de pigeon*
［鳩のフォン］

材料
鳩の骨と首つる（ぶつ切り）　6kg
ミルポワ
┌ 玉ネギ（厚さ5mmの薄切り）　200g
│ ニンジン（厚さ5mmの薄切り）　300g
└ ポワロー（厚さ5mmの薄切り）　400g
シャンピニオン　300g
ニンニク（皮付き）　3かけ
フォン・ド・ヴォライユ　20L
ブーケ・ガルニ　1束
粗塩　少量
黒粒コショウ　5g
ピーナッツ油、バター　各適量

❶　フライパンにピーナッツ油とバターを引き、鳩の骨と首つるを焼いて色づける。ザルにあけて油をきり、寸胴鍋に移す。

❷　①のフライパンをフォン・ド・ヴォライユ少量でデグラッセし、液体を寸胴鍋に加える。

❸　別のフライパンにバターを引いてミルポワ、シャンピニオン、ニンニクを入れ、炒めてきれいに焼き色をつける。油をきって寸胴鍋に加える。

❹　フォン・ド・ヴォライユを加えて強火にかけ、沸いたらアクを除いて弱火にしてブーケ・ガルニ、黒粒コショウ、粗塩を加える。1時間半～2時間煮出す。

❺　シノワで漉して鍋に移す。再度火にかけ、表面に浮いたアクや脂を取り除く。漉す。

フォン・ド・フザン　　　　　*fond de faisin*

［キジのフォン］

材料（仕上がり約10L）

キジ　2羽	ニンニク　1株	白粒コショウ（ミニョネット）　少量
キジのガラ（骨と首つる）　5kg	マデーラ酒　1.2L	粗塩　少量
玉ネギ　1.5kg	フォン・ド・ヴォライユ　18L	バター　適量
	ブーケ・ガルニ　1束	

❶　丸のキジの内臓を抜き、骨付きのまま4等分にする。ガラをぶつ切りににする。

❷　玉ネギを厚さ5mmに薄切りし、ニンニクを横半分に切る。

❸　フォンをとるための深鍋にバターを引き、玉ネギとニンニクを弱火で、旨みが出るまでじっくりと（色づけない）炒める。

❹　フライパンにバターを引き、キジのガラを焼いて色づける。油をきって③の鍋に加える。フライパンをマデーラ酒でデグラッセし、アルコールをとばしてから③の鍋に加える。

❺　鍋全体をよく混ぜ、フォン・ド・ヴォライユを注ぐ。強火で沸かし、アクを取り除いて弱火にする。ブーケ・ガルニ、ミニョネット、粗塩、4等分したキジを加える。約2時間煮出す。

❻　シノワで漉す（ガラや香味野菜をつぶさないように）。再度火にかけ、浮いてくるアクや脂を除く。シノワで漉す。

フォン・ド・リエーヴル　　　　*fond de lièvre*

［野ウサギのフォン］

材料（仕上がり約10L）

野ウサギ（丸）　2羽（約3.6kg）	ベーコン（粗切り）　600g	水　2L
野ウサギのガラ（骨、スジ、くず肉）　7kg	タイムの枝　8本	トマト（湯むきし、種を除く）　10個
鶏の首つる　1kg	ローリエ　2枚	ジュニエーブル　30粒
ミルポワ	クローヴ　10本	黒粒コショウ　20粒
┌玉ネギ（2cm角切り）　800g	パセリの茎　5本	粗塩　少量
ニンジン（2cm角切り）　800g	赤ワイン（マリネ用）　6L	ピーナッツ油　適量
セロリ（2cm角切り）　200g	赤ワイン（デグラッセ用）　2L	
エシャロット（2cm角切り）　600g	赤ワイン（煮込み用）　4L	
└ニンニク（皮付き、叩く）　1株	フォン・ド・ジビエ（あれば。またはフォン・ド・ヴォライユ）　5L	

❶　丸の野ウサギの内臓を掃除する。骨、スジ、くず肉と鶏の首つるはぶつ切りする。

❷　①とミルポワ、ベーコン、香草、マリネ用の赤ワインをバットに入れ、ひと晩マリネする。翌日、ザルにあけて液体を分ける。

❸　丸の野ウサギはさばき、骨を粗切りにする（肉は料理に使う）。ピーナッツ油を引いた天板に並べ、240℃のオーブンで焼く。途中でスジとくず肉を加える。ザルに上げて油をきる。

❹　鍋にピーナッツ油を引き、②でマリネした骨と首つるを焼いて色づける。油をきる。

❺　③の天板と④の鍋に赤ワインを1Lずつ注ぎ、デグラッセして漉す。

❻　マリネしたミルポワとベーコンは、フライパンで焼き色をつける。

❼　寸胴鍋に③、④、⑥を入れ、フォン・ド・ジビエ（またはフォン・ド・ヴォライユ）と水を加える。火にかけてアクを引き、トマト、ジュニエーブル、マリネに使った赤ワイン、デグラッセに使った赤ワイン、4Lの赤ワイン（事前に火にかけてアルコールをとばしておく）を加えて約3時間半煮出す。仕上がり10分前に黒粒コショウを加える。

❽　ガラをつぶしながらシノワで漉す。再度火にかけて表面に浮いたアクや脂を除き、漉す。

フォン・ド・ヴォー　*fond de veau*

［仔牛のフォン］

材料（仕上がり約10L）

仔牛の骨　10kg
仔牛、牛のスジとすね肉（ぶつ切り）　3kg
ミルポワ
┌ 玉ネギ（1.5cm幅斜め切り）1.3kg
│ ニンジン（1.5cm幅斜め切り）1.3kg
│ セロリ（1.5cm幅斜め切り）400g
└ ポワロー（1.5cm幅斜め切り）　500g

ニンニク（皮付き）　1株
シャンピニオン（カルティエ切り）500g
水　18L
トマト　6個
トマトペースト　50g
ブーケ・ガルニ　1束
粗塩　少量

ピーナッツ油　適量
バター　適量

❶　仔牛の骨（くるぶし）を水洗いして水気をきる。ピーナッツ油を引いた天板に並べ、240〜250℃のオーブンで1時間〜1時間半焼く。ザルにあけて油をきる。天板は適量の水でデグラッセする。

❷　フライパンにピーナッツ油を引いてスジとくず肉を焼き、きれいな焼き色をつける。油をきる。

❸　ミルポワとニンニクをピーナッツ油しっかり炒めてきれいな焼きをつける。

❹　シャンピニオンは別に、やはりピーナッツ油で炒める。途中でバターを加える。

❺　寸胴鍋に②の骨、③、④、⑤を入れる。①でデグラッセした液体を漉して加え、水、トマト、トマトペーストを加えて強火にかける。沸騰したらアクを取り除き、ブーケ・ガルニと粗塩を加えて弱火にする。10〜12時間静かに煮出す。

❻　シノワで漉す（ガラや野菜はつぶさない）。再度火にかけ、表面に浮いた脂とアクをすくう。目の細かいシノワで漉す。氷水にあてて急冷する。

ジュ・ド・ヴォライユ　*jus de volaille*

［鶏のジュ］

材料（仕上がり約1L）

鶏の首つる（ぶつ切り）　5kg
ミルポワ
┌ 玉ネギ（1cm角切り）　300g
│ ニンジン（1cm角切り）　300g
└ セロリ（1cm角切り）　100g

赤ワイン　1.2L
フォン・ド・ヴァイラユ　5L
タイムの枝　2本
ローリエ　1枚
粗塩　少量

白粒コショウ（ミニョネット）　少量
バター　適量

❶　鍋にバターを引き、鶏の首つるを入れて粗塩をふり、炒める。途中でミルポワを加え、すべてに焼き色をつける。

❷　ザルにあけて油をきり、鍋に戻す。

❸　赤ワインでデグラッセし、強火でアルコールをとばす。フォン・ド・ヴォライユを加え、沸いたらアクを除く。弱火にしてタイム、ローリエ、粗塩、ミニョネットを加え、1時間半〜2時間煮出す。

❹　2枚重ねのシノワで、ガラをつぶしながら漉す。再度火にかけ、表面に浮いたアクや脂を除いて、漉す。

ジュ・ド・ピジョン　　　　　　　　*jus de pigeon*

[鳩のジュ]

材料（仕上がり約1L）

鳩のガラ（ぶつ切り）　3kg	ニンニク（皮付き・軽くつぶす）	フォン・ド・ヴォライユ　3L
ミルポワ	2かけ	タイムの枝　1本
┌ 玉ネギ（1cm角切り）　200g	コニャック　40ml	ローリエ　1枚
├ ニンジン（1cm角切り）　200g	マデーラ酒　40ml	バター　適量
└ セロリ（1cm角切り）　60g	赤ワイン　600ml	粗塩、ナタネ油　各適量

❶　鍋にバターとナタネ油を引き、鳩のガラとニンニクを炒めて焼き色をつける。途中でミルポワを加え、全体を色づける。ザルにあけて油をきり、鍋に戻す。

❷　コニャックとマデーラ酒でデグラッセする。強火にして赤ワインを注ぎ、アルコールをとばす。

❸　フォン・ド・ヴォライユを注いで沸いたらアクを除く。弱火にしてタイム、ローリエ、粗塩を加え、1時間半～2時間煮出す。

❹　2枚重ねのシノワでガラをつぶしながら漉す。再度、火にかけ、表面に浮いた脂やアクを取り除いて、漉す。

ジュ・ド・ピジョン・ラミエ　　*jus de pigeon ramier*

[野生のピジョン・ラミエ（モリバト）のジュ]

材料（仕上がり約1L）

ピジョン・ラミエのガラ（ぶつ切り）　3kg	ニンニク（皮付き・軽くつぶす）	ブーケ・ガルニ　1束
┌ 玉ネギ（1cm角切り）　250g	2かけ	粗塩　適量
├ ニンジン（1cm角切り）　200g	白ワイン　600ml	バター　適量
├ セロリ（1cm角切り）　60g	フォン・ド・ピジョン（またはフォ	ピーナッツ油　適量
└ エシャロット（1cm角切り）　200g	ン・ド・ヴォライユ）　2L	

❶　鍋にバターとピーナッツ油を引き、ピジョン・ラミエのガラとニンニクを炒めて焼き色をつける。途中でミルポワを加え、全体を色づける。ザルにあけて油をきり、鍋に戻す。

❷　火にかけて白ワインを注ぎ、デグラッセしてアルコールをとばす。

❸　フォン・ド・ピジョンを加えて強火で沸かす。アクを除き、弱火にしてブーケ・ガルニと粗塩を加え、約1時間半煮出す。

❹　2枚重ねにしたシノワでガラをつぶしながら漉す。再度火にかけ、浮いた脂やアクを取り除いて、漉す。

ジュ・ド・ラパン　　　　　　　　*jus de lapin*

[ウサギのジュ]

材料（仕上がり約1L）

ウサギのガラ（ぶつ切り）　2.5kg	シャンピニオン（カルティエ切り）　100g	ブーケ・ガルニ　1束
ミルポワ	ニンニク（皮付き・軽くつぶす）　2かけ	粗塩　少量
┌ 玉ネギ（1cm角切り）　150g	白ワインヴィネガー　40ml	白粒コショウ（ミニョネット）　適量
├ ニンジン（1cm角切り）　150g	白または赤ワイン（用途により）　500ml	バター　適量
└ セロリ（1cm角切り）　80g	フォン・ド・ヴォライユ　2.5L	

❶　鍋にバターを引き、ウサギのガラを入れて粗塩をふり、きれいな色づくまでじっくりと焼く。ザルにあけて油をきる。

❷　①の鍋にバターを足し、ミルポワ、シャンピニオン、ニンニクを入れて焼き色をつける。ガラを戻し、白ワインヴィネガーでデグラッセする。白または赤ワインを加えて強火にし、アルコールをとばす。

❸　フォン・ド・ヴォライユを加え、アクを除く。弱火にしてブーケ・ガルニ、粗塩、ミニョネットを加え、約2時間煮出す。

❹　2枚重ねのシノワで、ガラをつぶしながら漉す。再度火にかけ、表面に浮いたアクや脂を除いて、漉す。

157

ジュ・ダニョー　*jus d'agneau*

［仔羊のジュ］

材料（仕上がり約 1L）

仔羊の骨（ぶつ切り）　3kg
仔羊のスジやくず肉（ぶつ切り）　600g
ミルポワ
┌ 玉ネギ（1cm角切り）　300g
│ ニンジン（1cm角切り）　300g
│ セロリ（1cm角切り）　100g
│ エシャロット（1cm角切り）　5個
└ シャンピニオン（1cm角切り）　200g

ニンニク（皮付き・軽くつぶす）　5かけ
トマト（完熟・粗切り）　3個
白ワイン　400ml
水　4L
タイムの軸　3本
ローリエ　1枚
黒粒コショウ（ミニョネット）　少量
塩　少量

粗塩　少量
バター、ピーナッツ油　各適量

❶　鍋にピーナッツ油を引き、仔羊の骨とニンニクを入れ粗塩をふって強火でじっくりと焼く。スジとくず肉も加えて軽く粗塩をふり、中火に落として全体を香ばしく色づける。ザルにあけて油をきる。

❷　同じ鍋にバターを引き、ミルポワを炒めて色づける。

❸　②の鍋に①を加え、白ワインでデグラッセする。アルコールをとばして水を加え、強火で沸かしてトマトを加える。アク除いて弱火にし、タイム、ローリエ、ミニョネット、粗塩を加え、約1時間半煮出す。

❹　2枚重ねのシノワでガラをつぶしながら漉す。再度火にかけて表面に浮いてくる脂やアクを除き、再度シノワで漉す。

グラス・ド・ヴィヤンド　*glace de viande*

［肉のグラス］

材料（仕上がり約1L）

フォン・ド・ヴォー2番　10L

❶　鍋にフォン・ド・ヴォーの2番を入れ、火にかける。弱火を保って、随時アクを取り除きながらゆっくりと煮詰める。鍋肌が焦げつかないよう、液体が減ってきたら鍋を小さいものに変えて、1/ 10程度まで煮詰める。

❷　シノワで漉す。バットに流して冷やし固める。

魚介系のだし

フュメ・ド・コキヤージュ　*fumet de coquillage*

［汎用性のある貝のだし］

材料（仕上がり約1.2L）

アサリ　1kg
ホタテのヒモ　200g
ミルポワ
┌ 玉ネギ（厚さ2-3mmの薄切り）　50g
│ ニンジン（同上）　50g
│ セロリ（同上）　30g
└ ポワロー（同上）　50g
ニンニク　1かけ
パセリの軸　2本
白ワイン　400ml
水　2L

❶　アサリを洗い、しばらく流水にさらして砂を吐かせる。

❷　鍋に①、ホタテのひも、ミルポワ、ニンニク、パセリの軸、白ワイン、水を入れて沸かし、アクを引く。弱火にして約30分間煮出す。

❸　布で漉す。

フュメ・ド・ポワソン　*fumet de poisson*

［魚のだし］

材料（仕上がり約10L）

白身魚のアラ　5kg
ミルポワ
┌ 玉ネギ（厚さ2-3mmの薄切り）　200g
│ ニンジン（同上）　200g
│ セロリ（同上）　100g
│ ポワロー（同上）　200g
│ シャンピニオン（同上）　200g
└ エシャロット（同上）　100g
水　12L
ブーケ・ガルニ　1束
粗塩　適量
白粒コショウ（ミニョネット）

❶　白身魚のアラを最低30分間流水にさらす。水気をきる。

❷　寸胴鍋に①とミルポワ、水、粗塩、ミニョネットを入れて火にかける。沸いたらアクを引き、弱火にしてブーケ・ガルニを加える。弱火を保って20〜25分間(随時アクを引きながら)煮出す。

❸　シノワで漉す。

フォン・ド・オマール　*fond de homard*

［オマールのフォン］

材料（仕上がり約10L）

オマール（殻付き）　8kg	シャンピニオン（カルティエ切り）　300g	トマトペースト　少量
ミルポワ	ニンニク（皮付き）　5かけ	ブーケ・ガルニ　1束
玉ネギ（1.5cm角切り）　900g	白ワイン　1.2L	白粒コショウ（ミニョネット）　少量
ニンジン（1.5cm角切り）　900g	コニャック　適量	粗塩　少量
セロリ（1.5cm角切り）　300g	フュメ・ド・ポワソン　10L	ワカメ（水に浸けて塩抜きする）　200g
ポワロー（1.5cm角切り）　300g	フォン・ド・ヴォライユ　2L	オリーブ油　適量
	トマト（完熟・半分に切って種を除く）　8個	バター　少量

❶　オマールを水で洗い、殻ごとぶつ切りにする。砂袋をはずす。

❷　鍋にオリーブ油を引き、①を強火で炒める。殻が色づいたら中火にして香ばしさが出るまで炒める。ザルにあけて油をきる。

❸　適量の白ワイン（分量の一部）を加え、デグラッセする。液体をシノワで漉す。

❹　別鍋にオリーブ油、バター少量、ニンニクを熱し、ミルポワとシャンピニオンを炒める。

❺　寸胴鍋に③と⑤を加えて火にかけ、コニャック、残りの白ワインを加える。アルコールをとばしたら、④、フュメ・ド・ポワソン、フォン・ド・ヴォライユ、トマト、トマトペーストを加える。アクを除き、ブーケ・ガルニ、ミニョネット、粗塩を加え、弱火にして約40分間煮出す。仕上がりの約10分前にワカメを入れる。

❻　シノワで漉す(だしがらを麺棒でつぶして旨みを出しきる)。

コンソメ・ド・オマール　*consommé de homard*

［オマールのコンソメ］

材料（仕上がり約1L）

フォン・ド・オマール　1.4L
ニンジン（みじん切り）　12g
ポワロー（みじん切り）　12g
セロリ（みじん切り）　6g
シャンピニオン　12g
パセリの軸　6g
卵白　1個分

❶　野菜を少量のオリーブ油でスュエし、20ml程度のフォン・ド・オマールと6分立てにした卵白を加えてよく混ぜる。

❷　フォン・ド・オマールに①を加えて火にかけ、沸いたら弱火にする。卵白がアクを吸着して浮いてくるのでその中央にレードルで穴を開け、そのまま約10分間煮出し、火を止める。

❸　濁らないようレードルですくい、布を敷いたシノワに通して漉す。

野菜のだし

フォン・ド・レギューム　*fond de légumes*

［野菜のだし］

材料（仕上がり約10L）

ベーコン（塊）　800g	タイムの枝　4本
玉ネギ（厚さ5mmの薄切り）　600g	ローリエ　1枚
ニンジン（同上）　600g	クローヴ　12本
セロリ（同上）　200g	パセリの軸　4本
ポワロー（同上）　400g	粗塩　20g
キャベツ（同上）　400g	白粒コショウ　6g
水　12L	乾燥赤トウガラシ　1本

❶　寸胴鍋にすべての材料を入れて強火にかける。沸いたらアクを取り除き、弱火にして約1時間半煮出す。

❷　シノワで漉す。

ソース

ソース・オ・ヴァン・ルージュ   *sauce au vin rouge*
［赤ワインソース］

材料（仕上がり約300ml）
赤ワイン　1.5L
エシャロット（皮付き）　200g
エシャロット（みじん切り）　100g
バター（スュエ用）　30g
グラニュー糖　適量
ブーケ・ガルニ　1束
フォン・ド・ヴォー　350ml
グラス・ド・ヴィヤンド　少量
バター（モンテ用）　15g
塩、コショウ　各適量

❶　半割りにしたエシャロットの切り口にグラニュー糖をまぶし、この面を下にして天板に並べる。180℃のオーブンで約25分間加熱する。

❷　エシャロットのみじん切りをバターでスュエする（汗をかかせるようにゆっくりと炒める）。香りが出たら赤ワインを注ぎ、アルコールをとばす。アクを除き、ブーケ・ガルニと①を加え、水分がなくなるまで弱火で煮詰める。

❸　フォン・ド・ヴォーを加え、アクを除きながら軽く煮る。シノワで漉す（エシャロットを軽くつぶしながら）。

❹　再度火にかけ、グラス・ド・ヴィヤンドを加える。バターを加えてモンテし、塩、コショウで味をととのえる。

ソース・マデール   *sauce Madère*
［マデーラ酒のソース］

材料 (仕上がり約300ml)
マデーラ酒　200ml
玉ネギ（みじん切り）　80g
ニンジン（みじん切り）　50g
バター（スュエ用）　少量
フォン・ド・ヴォー　1L
ブーケ・ガルニ　1束
バター（モンテ用）　10g
塩、コショウ　各適量

❶　鍋にバターを引き、玉ネギとニンジンをスュエする（汗をかかせるように弱火でじっくりと火を通す）。

❷　マデーラ酒を加え、水分がなくなるまで弱火で煮詰める。

❸　フォン・ド・ヴォーを加え、いったん沸かしてアクを除き、ブーケ・ガルニを加えて弱火で1/3量になるまで煮詰める。

❹　シノワで漉す。再度火にかけ、バターでモンテして塩、コショウで味をととのえる。

ソース・ポワヴラード   *sauce poivrade*
［ジビエ定番のコショウ風味のソース］

材料（仕上がり約300ml）
ジビエのスジ、くず肉　500g
コニャック　30ml
玉ネギ（1cm角切り）　40g
ニンジン（1cm角切り）　40g
セロリ（1cm角切り）　15g
エシャロット（1cm角切り）　20g
ニンニク（皮付き）　1かけ
赤ワイン　600ml
強力粉　大さじ1/2
赤ワインヴィネガー　70ml
フォン・ド・ヴォー　350ml
フォン・ド・ジビエ　350ml
タイムの枝　2本
ローリエ　1枚　　パセリの茎　2本
黒粒コショウ（ミニョネット）　25粒
バター（モンテ用）　12g
塩、バター、ピーナッツ油　各適量

❶　フライパンにバターとピーナッツ油を引き、ぶつ切りにしたスジ、くず肉を色づける。ザルにあけて油をきる。

❷　①のフライパンをコニャックでフランベし、少量の赤ワイン（分量の一部）でデグラッセして漉す。

❸　別鍋でミルポワとニンニクを色づけ、①と強力粉を加える。よく混ぜ、250℃のオーブンに5分間入れて粉気を抜く。鍋を取り出して赤ワインヴィネガーを加えて弱火で1/3量まで煮詰める。赤ワインと②を加え、2/3量になるまで煮詰める。

❹　2種のフォンを加えてアクを引いて弱火にし、香草を加えて2/3量まで煮詰める。途中でミニョネットを加え、15分間煮る。

❺　シノワで漉し、バターでモンテして、塩、コショウで味をととのえる。

ソース・ア・ラ・ムータルド　*sauce à la moutarde*

［マスタード風味のソース］

材料（仕上がり約300ml）
ソース・マデール　250ml
ディジョンマスタード　15g
ディジョン粒マスタード　30g
塩、コショウ　各適量

❶　ソース・マデールを軽く煮詰め、2種のマスタードを加え混ぜる。

❷　バターでモンテして、塩、コショウで味をととのえる。

ソース・ヴェルト　*sauce verte*

［パセリ風味のペースト状ソース］

材料（仕上がり約300g）
パセリ　80g
バター　120g
1/3に煮詰めたフォン・ド・
　ヴォライユ　200ml
ニンニク　1かけ
塩、コショウ　各適量

❶　材料をミキサーにかけてシノワで漉す。

❷　鍋にとって軽く煮詰め、塩、コショウで味をととのえる。少量のバター（分量外）を加えて濃度を調整する。

ソース・アロマティック　*sauce aromatique*

［南仏素材入りのソース・ヴィネグレット］

材料（仕上がり約600g）
ドライトマト（粗みじん切り）
　100g
黒オリーブ（同上）　60g
コルニション（同上）　60g
アンチョビ（同上）　30g
香草（すべてみじん切り）
┌ ディル　小さじ1
│ セルフイユ　小さじ1
│ イタリアンパセリ　小さじ1
└ エストラゴン　小さじ1

バルサミコ酢　50ml
白ワインヴィネガー　50ml
E.V. オリーブ油　200ml
レモン汁　25ml
オレンジ汁　50ml
塩、コショウ　各適量

❶　ボウルにすべての材料を入れ、混ぜ合わせる。

ソース・トマト・ア・ラ・プロヴァンサル　*sauce tomate à la Provençale*

［プロヴァンス風トマトソース］

材料（仕上がり約300ml）
完熟トマト（皮を湯むきし、
　種を除く）　2kg
ニンニク（みじん切り）30g
タイムの枝　3本
ローリエ　1枚
塩、コショウ　各適量
オリーブ油　適量

❶　オリーブ油でニンニクを炒め、香りが出たらトマトに塩、コショウをふって加え、弱火で煮る。

❷　トマトが煮くずれてきたらタイムとローリエを加え、水分がなくなるまで煮る。

混合バター

エクルヴィスバター　*beurre d'écrevisse*

［エクルヴィスの旨み・香り・色を移したバター］

材料（仕上がり約500g）
エクルヴィスの頭　2.2kg
クール・ブイヨン（→ p. 98）適量
澄ましバター　650g
水　適量

❶　エクルヴィスの頭をクール・ブイヨンでポシェし、水気をよくきる。

❷　①を鍋に入れ、澄ましバターを注ぎ入れる。低温のオーブンに入れてバターにとろみがつくまで（ときおり混ぜながら）2時間～2時間半加熱する。

❸　シノワで漉し、容器に入れる。水を注いで、冷蔵庫で冷やし固める。

❹　分離して液体の上層に固まったバターの塊を鍋に入れ、火にかける。アクを除き、布漉しする。

❺容器に入れ、冷蔵庫で保管する。

エビバター　*beurre de crevette*

［入手しやすいエビでつくる甲殻類バター］

上記「エクルヴィスバター」のメイン素材を足赤エビ、才巻きエビなどに変えてつくる。

> フイユタージュ

フイユタージュ—A *pâte feuilletée - type A*
［製菓用のフイユタージュ］

材料（仕上がり約10kg）
デトランプ
```
┌ 全卵  4個
│ 水  1.5L
│ 薄力粉  2kg
│ 強力粉  2kg
│ 塩  60g
└ バター  1kg
```
折り込み用のバター 3.6kg

❶ 全卵と水を混ぜて冷やしておく。

❷ 薄力粉、強力粉、塩を合わせてふるっておく。

❸ デトランプ用のバターを②にすり合わせる。生地が均一になったら①を混ぜ、全体をまとめる。

❹ 4等分し、1玉（1690g）に分けて丸める。ナイフで十字に切り目を入れて、ラップフィルムで包み、冷蔵庫で冷やす（丸2日間）。

❺ 折り込み用のバターを900g（1玉分）ずつ麺棒で叩いてのばす。

❻ ④の生地1玉分を十字状にのばす。その中央に⑤のバターを置き、上下左右から生地をかぶせて包みこむ。麺棒でのばして、三つ折りにする。これを計3回繰り返す。

フイユタージュ—B *pâte feuilletée - type B*
［調理向け、失敗しにくいフイユタージュ］

材料（仕上がり約3.9kg）
デトランプ
```
┌ 薄力粉  1.5kg
│ バター  150g
│ 全卵  4個
│ 塩  25g
└ 水  100ml
```
折り込み用
```
┌ 強力粉  500g
│ 塩  10g
└ バター  1.4kg
```

❶ 全卵、水を混ぜ合わせて冷やしておく。

❷ デトランプ用の薄力粉と塩をふるいにかけ、バターと混ぜ合わせる。

❸ ②と①を少しずつ混ぜ合わせて均一な生地にする。四角に成形してラップフィルムをかけ、冷蔵庫で休ませておく。

❹ 折り込み用の強力粉と塩をふるいにかけ、ボウルの中でバターと混ぜながらこねあげる。四角に成形してラップフィルムをかけ、冷蔵庫で休ませておく。

❺ ③の生地を60×40cmになるよう麺棒でのばす。

❻ ④の生地を30×40cmにのばす。これを⑤の中央にのせ、両側から生地をかぶせてぴったり包みこむ。

❼ ⑥を麺棒でのばし、三つ折りにする。これを計3回繰り返す。

著者プロフィール

上柿元　勝 かみかきもと・まさる

1950年　鹿児島県に生まれる。

1974年　単身渡仏。最初の修業はパリの「ル・デュック」。魚介調理の基礎と伝統料理のバリエーションを学び、ジュネーヴの同店でも働く。その後、リヨン郊外ミヨネー村の「アラン・シャペル」へ。ヌーヴェル・キュイジーヌの旗頭の一人としてフランス料理の現代化に大きな足跡を残したアラン・シャペル氏の下で3年間働き、その後の人生を決定づける仕事の経験を積む。その後、ヴァランスの「ピック」に移り、ヌーヴェル・キュイジーヌのさまざまな視点と法則、シェフそれぞれの個性を学ぶ。

1981年　帰国。神戸に開業したポートピアホテル内のレストラン「アラン・シャペル」のグランシェフに就任。以後10年間、フランスの香りのする料理、シャペル氏の哲学を土台としたオリジナルの料理を発信する。

1992年　長崎「ハウステンボスホテルズ」総料理長に就任。2008年1月に退職。

2016年　厚生労働省より「現代の名工」に選出される。

　　　　　　フランス共和国より農事功労章オフィシエを受章。

現在は、長崎「パティスリーカミーユ」（2008年開業）オーナーシェフ、鹿児島「ミディソレイユ」「ポルトカーサ」「ビストロ ル・ドーム」のプロデューサーを務める。九州を拠点に全国各地でフェア、講習会などを行なうとともに、一般社団法人日本エスコフィエ協会の副会長として活動する。

1976年、ジュネーヴの「ル・デュック」での修業時代。

1983年、師匠アラン・シャペル氏の来日時に、神戸で。

2016年、修業時代からの盟友アラン・デュカス氏と。パリのプラザアテネ「アラン・デュカス」のキッチンにて。

本書は、1992年に出版された『フランス料理のスピリッツ』の内容を下敷きにして、新たな企画として撮影、テキスト作成を行ない、構成したものです。一部に、同書および『ソース　フランス料理のすべてのソース』（2008年刊）に掲載された料理写真を使用しています。

撮影　　　　　　越田悟全
　　　　　　　　大山裕平（p27,75,77,89,125,146）
アートディレクション　成澤　豪（なかよし図工室）
デザイン　成澤宏美（なかよし図工室）
仏語校正　髙崎順子
編集　　　木村真季

キュイッソン
フランス料理の基本の加熱技法

初版印刷　2018年8月10日
初版発行　2018年8月20日

著者 ©　　上柿元　勝
発行者　　丸山兼一
発行所　　株式会社柴田書店
　　　　　〒113-8477
　　　　　東京都文京区湯島3-29-6 イヤサカビル
　　　　　電話　営業部 03-5816-8282（注文・問合せ）
　　　　　書籍編集部　03-5816-8260
　　　　　URL　http://www.shibatashoten.co.jp
印刷・製本　凸版印刷株式会社

本書掲載内容の無断掲載・複写（コピー）・引用・データ配信等の行為は固く禁じます。
乱丁・落丁本はお取替えいたします。

ISBN978-4-388-06282-9
Printed in Japan
©Masaru Kamikakimoto 2018